U0127994

贛文化通典

——古文卷　第一冊

代序

邵鴻

　　南昌大學鄭克強教授主編的《贛文化通典》即將出版。這部大書，是我期盼已久、很有意義的一項工作。自一九九四年江西出現贛文化研究熱潮以來，江西歷史和文化研究成績可觀，《贛文化通典》是又一新的重要成就，可喜可賀！克強索序於我，盛意不能不有所應命。近年我寫過好些綜論贛文化的文字，特別是在《江西通史》導論中有較系統的闡述，似乎沒有重複的必要。然而講贛文化，不能不從「贛」字說起，恰恰在這個基本點上，其實還有工作要做。因此，我想借此機會從辭源學的角度，把對「贛」字的兩點認識寫出來，命曰「說贛」，權充序言，為《贛文化通典》做一個開篇鋪墊並向大家請教。

　　第一個問題，關於贛字的起源和演變。

　　因為資料限制，這一問題曾難以解答。

　　在傳世文獻中，「贛」最早出現於春秋戰國時期。如孔門高足端木賜，字子貢，貢在古籍裡常寫成贛或贛，贛有賜予之意，名字正相配合。贛也常用作通假字，借為愚戇、戇直之戇。成書於戰國的《山海經·海內東經》：「贛水出聶都東山。」郭璞注：「今贛水出南康南野縣西北，音感。」同書《海內經》：「南方有

贛巨人，人面長唇，黑身有毛，反踵，見人笑亦笑，唇蔽其面，因即逃也。」這兩條記載不僅是先秦古籍中「贛」字的實例，而且公認是與上古江西地區有關的史料。從此，贛就和江西有了不解之緣。

　　但在東漢許慎的《說文解字》裡，卻沒有贛字。與之相當的，是字，該書卷六：「𧹈，賜也。從貝，竷省聲。𧹈，籀文。」清段玉裁注云：「之古義古音，皆與貢不同。」因為依據有限，段說並未得到廣泛認同。

　　近幾十年來，先秦秦漢時期的簡牘、帛書、璽印、銘刻等考古材料大量出現，古文字學界對贛字的認識有了決定性突破。從李家浩先生獨具慧眼破解「上贛君之諨璽」開始[1]，人們逐漸認識到，戰國時期贛字有歎、歎、贛、贛、竷等形體，基本構造是從章、從欠、從貝，欠亦為聲符。我們今天熟悉的贛字，實際上是「贛」、「贛」等形的訛變和俗體字[2]。後來贛一直有兩種讀音，一讀幹，一讀貢[3]，應與此有關。在此基礎上陳劍先生又發現，早在西周金文中已有贛字，作𩰫、𩰬等形，是一個會意字，像人以雙手賜予玉璋，意為賞賜。後來右邊的𠬝演變為欠，遂形成了贛字的早期形體「歎」[4]。陳說得到古文字學界較普遍

1　李家浩：《楚國官印考釋》，《江漢考古》一九八四年第四期。

2　參何琳儀《戰國古文字典 戰國文字聲系》下冊，第 1453-1455 頁；黃德寬《古文字譜系疏證》第四冊，第 4041-4043 頁；滕壬生《楚系簡帛文字編》增訂本，第 517 頁；李運富《楚國簡帛文字構形系統研究》，第 129-130 頁。

3　如《集韻》贛江之贛讀為古暗切，贛賜之贛讀為古洞切。

4　陳劍：《釋西周金文的「（贛）」字》，《北京大學古文獻研究所集刊》

的認可，可以信據。由此可知，上古贛字字形、字音確不從貢，許慎錄「贛」而非「贛」表現了大師的精審，但也有小誤，段玉裁的有關見解則實屬卓識。

近期我對古文字材料中的贛字做了進一步考察，得出的認識是：戰國及秦代相關諸字出現較多（特別是在數量頗豐的楚、秦系簡帛文獻中），而「贛」字則尚未見[5]。從已知材料看，「贛」字最早出現在西漢初年馬王堆漢墓帛書《春秋事語》中，用於子貢之名。可能抄寫於西漢前期的定州漢簡《論語》，子貢也有寫作「子贛」或「子贛」（當為贛的異體）的[6]。東漢碑銘中亦有實例，如《譙敏碑》及熹平石經《論語》[7]。但漢代古文字資料中「贛」字實例相對很少，馬王堆帛書裡贛字多作「贛」、「贛」、「贛」等形，但「贛」僅上舉一例；《漢印文字彙》共收入三十九個贛字，只有二個從貢，一作「贛」，一作「顲」；在諸多漢簡及湖南長沙走馬樓三國簡資料中，贛也絕大部分從貝而不從貢。總的來說，西漢以來伴隨著隸書的發展，「贛」字出現漸多，但更流行的寫法仍然是從貝的「贛」、「轒」、「轒」等形。此外，「顲」雖已出現，但極少見（目前僅見一例，應為東漢之

（一），北京燕山出版社一九九九年版。

5　雲夢睡虎地秦簡《日書》中有一「贛」字，可能為「贛」字的或體，待證。另新出湖南龍山裡耶秦簡中數見「贛」字，也很值得注意。

6　河北省文物考古研究所定州漢墓整理小組：《定州漢墓竹簡〈論語〉》（文物出版社 1997 年版）。需要說明的是，該整理小組將簡本中十餘例子貢、子贛全部隸定為「子貢」、「子贛」，但據公布的部分摹本，實際多數也作貢、贛之形，只有個別從貢。

7　據《隸釋》卷十四《石經〈論語〉殘碑》，「子貢」、「子贛」各三見。

印）。

到魏晉時期，「贛」可能已成為普通寫法，「贑」字也流行起來。曾經引起「蘭亭序」真偽之爭的東晉贛令王興之、王閩之父子兩墓誌三見「贑」字[8]，這是六朝使用「贑」字以及已知最早將江西贛縣寫作「贑」的實例。此後，除了少數學者（如唐代開成石經《五經文字》和宋代《廣韻》的作者等），一般人已是只知有「贛」，不知其始了。

瞭解贛的本字和演變，不僅是解說贛文化的第一步，而且也有其他意義。比如由此可以更好地利用新出考古和古文字資料研究江西上古史，又比如我們可以知道，今天所見先秦兩漢乃至更晚古籍中的「贛」或「贑」字，其實是後來抄刻而成，並非本來面目。因而，自劉宋劉澄之以來聚訟一千數百年的「章、貢成贛（水）」之說的確是不能成立的[9]，反而是北宋歐陽忞《輿地廣記》先有贛水、後有章、貢的說法更值得重視。

第二個問題，以贛為江西簡稱始於何時？

江西稱贛，無疑因為縱貫全境的贛江之故。贛水至晚戰國已經得名，然而以「贛」代稱江西從什麼時候開始？這一問題向少討論，近來翻檢史料，發現這其實是很晚近的事情。

西漢初年，在今章、貢二水匯流處設贛縣，屬豫章郡。此後

8　南京市文物保管委員會：《南京象山東晉興之夫婦基發掘報告》，《文物》一九六五年第六期；南京市文物保管委員會：《南京象山 5 號、6 號、7 號基清理簡報》，《文物》一九七二年第十一期。

9　劉說見《水經注》卷三十九引。

贛縣歸屬屢有變更，隋唐以來屬虔州，為州治。在很長時間裡，凡言贛、贛人，均指贛縣而言。如唐代著名書法家鐘紹京，《資治通鑒》卷二〇九說他是「灨（贛）人」，新舊《唐書》本傳則說是「虔州贛人」[10]。又如蘇東坡謫貶北歸期間，與友人書信屢言「度嶺過贛」、「候水過贛」、「已到贛上」，又有名詩《八月七日初入贛，過惶恐灘》，「贛」也都是指贛縣和虔州州治之地。

宋高宗紹興二十三年（1153），以虔為虎頭不祥，改虔州為贛州。此後，「贛」更多的時候是指贛州（府）全境。試舉數例：

> 江西（風水）之法，肇於贛楊筠松、曾文辿。及賴大有、謝世南輩，尤精其學。（《王忠文集》卷二十，《叢錄》）
>
> 紹熙癸丑之秋，贛境大水，至浸於（信豐）縣鼓樓兩橝之間。（《夷堅志丙》卷一）
>
> 江西山皆至五嶺、贛上來，自南而北，故皆逆。（《朱子語類》卷二）

明正德十一年（1516），朝廷設「巡撫南贛汀韶等處地方提督軍務」，嘉靖四十五年（1566）定為南贛巡撫，下轄南安、贛

---

10 類似的例子如《九江記》（《太平御覽》卷四二五引）：「王植新，贛人也」；《資治通鑒》卷二六七：「（廖）爽，贛人也」；同書卷二七六：「匡齊，贛人也」，其實說的都是「虔州贛人」。

州、韶州、南雄、汀州等府。清初延續，至康熙四年（1665）正式撤銷。這一時期並延及清代中後期，「贛」一般仍指贛州府境，但範圍有擴大的趨勢。贛州與原從虔州分出、清代又同屬嶺北道（後改贛南道）的南安，在稱謂上逐漸接近，「南贛」、「贛南」成為習語。因此，有時就有以贛代指南贛情形出現。如《明儒言行錄》卷八：「贛人性矯野，（王守仁）為立十家牌法，作業出入有紀，又行鄉約，設社學，教郡邑子弟歌詩習禮……嶺北風俗，為之丕變。」既云「嶺北」，顯然是指南、贛二府之地。又明《李友華墓誌》：「（萬曆中）巡撫南贛……在贛十四年，威惠甚著」；《盛京通志》卷七十七《胡有升》：「（順治五年）以總兵出守南贛……六年致仕，贛人思其德。」這裡單言的「贛」，則是包括南贛巡撫轄區而言了。

　　儘管內涵逐步擴大，但直至清後期，「贛」一直只是侷促於江西南部一隅，並未成為全省概稱。歷史上，江西的概稱有豫章、江西、江右、西江等，元明時期隨著江西行省的設立，也稱江、江省，「江」成為江西簡稱[11]。清代朝廷詔奏及官方文書中大量使用「江省」、「江境」、「江撫」、「江、閩」、「江、粵」等語，曾任江西巡撫的蔡士英有《撫江集》一書，說明清代仍然通

---

11 如元人虞集《貢院題名記》：「夫江省，所統郡二十，多以文物稱」；明歐陽鐸《黃鄉保築城碑》：「贛，江省邊邑也」；李振裕《與吉水王明府書》：「江省理學，海內所推」（以上引文均見同治《江西通志》的《藝文志》，該志類似例子很多，不俱引）。又清計六奇《明季北略》卷二十一《李邦華》：「今異增兵以扼險，江撫駐九江，贛撫駐吉安，以壯虎豹當關之勢。」可見當時「江」、「贛」之別是明顯的。

行。

　　但「江」作為省稱，易與江蘇和黑龍江相混（清代兩省也可稱「江」或「江省」），因而最終未能持久通行，「贛」逐漸取代「江」成為江西簡稱。現在可斷言的是：清末江西稱贛已經普遍流行。檢《近代期刊篇目匯錄》**12**，最早有光緒二十三年（1897）十月初五日上海《集成報》轉載《申報》「贛省西學」報導，光緒二十七年（1901）有「贛撫被參」、「贛撫李議復新整事宜折」、「贛試不停」、「贛出教案」等報導，從此到光緒三十四年（1908），江西、北京、上海、南京、廣州、重慶、武昌、廈門、山東等地多種報刊關於「贛」省的報導多達六十條，其後宣統時期短短三年亦近六十條。複檢《清實錄》，咸豐、同治時期官方詔奏中「贛」仍然專指贛州或南贛，「江」則依舊為江西簡稱，至光緒二十九年（1903）「贛省」出現，以後不斷增多，迄光緒末共計六處；《宣統政紀》涉及「贛」省之文激增，多達二十處。承廖聲豐博士協助檢索第一歷史檔案館所藏清宮中檔和軍機檔，情況和《實錄》相似。自光緒三十一年（1905）護理江西巡撫周浩就釐定江西營制章程上奏摺中首見「贛省」，此後亦逐漸增多。其他例子還有很多，如光緒三十年（1904）出版的《江西官報》已見「贛省」字樣**13**；光緒三十一年（1905）浙江發生

12 南昌大學歷史系內部資料本，2005 年

13 《江西官報》當年第十四期載黃大壎、陳三立等人關於創辦機器造紙公司的呈文，其中言及：「竊贛省土紙，實為大宗，而海關洋紙，日益進步。」

「浙贛鐵路交涉」風波[14]；光緒三十三年（1907）江西鑄造發行贛字款銅元；三十四年（1908）七月，留日江西留學生創辦《江西》雜誌，萍鄉湯增璧作《警告全贛書》、《比較贛人與江浙人之對路事》、《贛事拾遺》等文[15]；同年江西洋務局汪鐘霖《贛中寸牘》印行，等等。這些例證均可證明，光緒末年「贛」稱已極普遍，而且民間較公文使用要更早一些。不過應指出的是，清末江西「江」的概稱並沒有立即被完全取代，而是與「贛」並用，入民國後才逐漸消失。

不言而喻，「贛」稱的流行一定不始於光緒末年，而應有一個發展過程。但究竟早到何時，則還需要研究。《清史稿》有以下三條有關記載：

《列傳》一五八《牛鑒傳》：

「（道光二十二年〔1842〕耆英等）合疏以保全民命為請，略曰：江甯危急，呼吸可虞，根本一摧，鄰近皖、贛、鄂、湘，皆可航溯。」

《列傳》二百七十七《王東槐傳》：

「（道光三十年〔1850〕奏言）若開礦之舉，臣曾疏陳不便，順天已停，而湘、贛等省試辦，驚擾百姓，利害莫測。」

《列傳》二百十《王拯傳》：

14 浙江同鄉會當年在日本印行《浙贛鐵路事件》一書（國家圖書館古籍部藏），對此有較詳記載。

15 參周年昌《湯增璧先生傳略與研究》，《中國民主革命的先驅——湯增璧》，甘肅人民出版社二〇一一年版。

「（同治三年〔1864〕疏言）擬請飭贛、皖、楚、粵各疆臣，值此事機至緊，無論如何變通為難，總當殫竭血誠，同心共濟。」

按說有這幾條證據，本可以認為道、同間稱江西為「贛」已漸流行。但鑒於以下幾方面原因，我以為還有可疑。

其一，我翻檢了很多咸同時期的史料，未見江西稱「贛」確證；儘管說有易，說無難，特別是我的閱讀面相對於浩如煙海的同期史料當然還是太少，但問題是《實錄》和檔案材料也是如此，這就不能不慎重了。

其二，我一度認為是同治年間江西稱「贛」鐵證的趙之謙文獻被否定。同治十一年（1872）冬，著名學者和藝術家趙之謙到南昌，協助巡撫劉坤一撰修《江西通志》，光緒十年（1884）逝於江西。其間他在書信中多有談及在「贛」情形，並有《贛省通志》部分手稿存於上海圖書館[16]。但近詢該館有關人士，「贛省

---

16 近年文物拍品中有不少涉「贛」的趙氏手札，如「弟自到贛以來，終日衙參，一差未得，暫居客館，草草勞人」（西泠印社有限公司 2009 年春拍品，見博寶拍賣網）；「到贛兩年僅以志書一差，月薪不滿四十，一家八口何以支持」（中貿聖佳國際拍賣有限公司 2006 年春拍品，見同上）；「擬於初冬往贛，為稟到候補之急務也。吾哥如有信致贛，可預書就弟便帶去」（北京中漢 2011 年秋拍品，見中國收藏網）；「賀太尊定於正月初十日接首府印，大得蔣公心，到贛總在二月初間，速則正月之杪」（上海鴻海商品拍賣有限公司 2010 年秋拍品，見博寶拍賣網）。又《悲庵手札真跡》上冊亦有一札云：「到省數月，未獲一差，日用應酬，支持不易。贛地之柴米，較吾浙價賤，惟房租甚貴」（民國十四年碧梧山莊石印本）。《贛省通志》稿本見《上海圖書館地方志目錄》，一九七九年自印本，第 289 頁；《上海圖書館藏明清名家

通志」四字非撝叔親筆，而是民國收藏者的題識；而當下拍賣會上出現的諸多趙氏涉「贛」書札，權威的趙之謙墨蹟集中不見著錄，公認真品的趙氏書札只說「江西」、「江省」、「江右」、「豫章」等，因而疑點甚多。筆者特請教清華大學古代書畫鑒定專家邱才楨博士，他斷然認為這些拍品全為低仿贗品。據此，以往著錄中個別涉「贛」的趙氏書信，也就難為信據了。

其三，《清史稿》成書於民國，編撰者往往用當時語言概括史料，包括詔奏文字。舉一個類似的例子，《德宗實錄》載：光緒二十九年七月護理江西巡撫柯逢時奏：「贛省義寧、新昌二州縣交界地方，有黃岡山，久經封禁。」同年《江西官報》上刊登了奏摺原文，詳盡很多，但這一段內容相同，唯「贛省」寫作「江西」。這顯然是宣統年間實錄館臣綜述奏摺時做了改動。因而，《清史稿》的上述三條材料，也就值得存疑了。至少，《牛鑒傳》一條明言「略曰」，說明經過作者概括而非原疏文字。

因此，江西簡稱為「贛」的約定俗成，可能還是光緒朝即十九世紀七〇年代以來的事情。我推測清末民初「贛」逐漸替代「江」成為江西簡稱的原因，應與電報的應用有關。因為費用的昂貴使電報文字大量使用簡稱，並且要求精確規範，不易誤解。鑒於電報在中國的流行正是一八七〇年代以後的事情，這一推測不為無據。我很希望，有更深入的研究可以證明或證誤我的觀點。但顯然，相比於許多省份，如蜀、粵、閩、晉、豫、皖、

手稿》，上海古籍出版社二〇〇六年版，第74頁。

滇、黔、浙、陝等簡稱的確定均不晚於明代，江西稱贛是很晚的事情，距離現在僅百餘年。由此，「贛」也走完了它從小到大的歷史道路。

搞清贛作為江西簡稱的時間也是有意義的，至少讀古籍時可避免犯錯。比如，我們不能把古籍中絕大部分的「贛」當作江西看待；又如在清代檔案整理擬題或寫文章時，將清初江西稱為贛省、江西巡撫稱為贛撫也屬不夠嚴謹。此外，以贛稱來鑒別書畫文物，則是一種辨偽的有效手段。

兩點認識已如上述。以考據文章代替序言，似乎不合常規。但我想，上述心得對贛文化研究應有裨益，故而還是大膽寫出，以供批評。同時我想說，對贛字的考察讓我聯想到：對於絢麗多彩、豐富深厚的江西歷史和文化來說，不僅研究天地極為廣闊，而且可能還有許多實屬基本的問題仍待關注和解決。研究者需要更加腳踏實地，勤奮努力，細緻深入，堅持不懈，才能把研究做到佳境，臻於一流。這是我所熱切期望於南昌大學各位朋友的。

二〇一一年最後一日於京華

序

周文斌

　　煌煌鴻制的《贛文化通典》即將付梓刊行，鄭克強教授主其事，並囑我作文以序之。這部大書，由數十位南昌大學的同仁參與編撰，是教育部「211」重點專案「贛學」的標誌性成果。由此我想起了孔憲鐸教授在《我的科大十年》中所說：「現代研究型的大學，多有三個功能：教學、研究和服務社會。為此科大要求所有的教員既要是教學的良好的教師，又要是研究的優秀學者，也要是對香港乃至中國南部的經濟和社會發展有貢獻的好公民。三者合而為一，缺一不成。」[1]南昌大學作為江西省最重要的高等教育機構，在江西省無疑是一個高層次人才聚集的淵藪。我們的教師隊伍，同樣既要做教學的良師，又要做研究的優秀學者，同時也要做對江西省及周邊地區經濟和社會發展有貢獻的好公民。

　　在世界範圍內，所有優秀的公立大學都將公共服務作為重要的辦學宗旨，比如美國最好的公立大學——加州大學伯克利分校

1　孔憲鐸：《我的科大十年》，北京大學出版社二〇〇四年版，第1頁。

就明確提出辦學宗旨為「教學、研究和公共服務」[2]，注重在公共服務中樹立良好形象，加強大學與社會的全面聯繫，尤其注重為加州的經濟發展和社會進步服務。這部《贛文化通典》可以視為南昌大學的同仁為總結發掘江西古老而豐富的文化遺產所做的一點實績。在邵鴻教授的序文中，就贛學和贛文化情況進行了精彩的闡述，在此本人毋庸贅言。我想借此機會著重談兩方面的問題：一是談談南昌大學的歷史使命；二是就現代教育理念，談談學科建設與公共服務的關係。

有人說贛文化是中國文化隱性的核心和支柱，善隱厚重，堅韌質樸。當我們用歷史的眼光感受深沉的江西文化，不能不正視推動獨具特色的贛文化精神形成的一支重要力量，那就是在中國教育史和思想史上赫赫有名的江西書院。書院產生於唐代，源於私人治學的書齋與官府整理典籍的衙門[3]，後來成為藏書、教學與研究相結合的中國古代特有的高等教育機構和文化學術思想交流的中心。書院既是一個教育機構，又是一個學術研究機構，中國歷代文人在書院這一相對獨立自由的環境裡，碰撞智慧，傳承思想，同時完成了古代中國文化教育和人才培養的歷史使命。江西自古重教崇文，素有「文章節義之邦」的美譽，這在某種程度上得益於江西曾有中國古代最為發達的書院文化。自宋代至明代，江西能夠成為中國的一個文化重地，與書院講學之風大興不

2　hpp://www.berkeley.edu/about/〔EB/OL〕.

3　鄧洪波：《中國書院史》，東方出版中心二〇〇四年版，第49頁。

無關係。江西書院「肇於唐，盛於宋」，跨越千年。從唐代「開元盛世」開始，江西就有了中國歷史上最早的書院之一，此後江西書院代有增置，據考證，有學者認為江西古代書院足有千餘所之多，鼎盛時期求學人數達數千人。清代學者李漁曾在《興魯書院記》中說：「江西名書院甲於天下」，聞名全國的書院就有白鹿洞、豫章、濂溪、白鷺洲、象山、鵝湖、懷玉、東湖書院等，不勝枚舉。江西書院數量之多，規模之大，教育品質之高，社會影響之大，在我國古代書院一千多年的歷史中獨領風騷。從教育者的眼光來看，眾多的江西書院中值得一提的是位於江西廬山五老峰南麓、被譽為「天下書院之首」的白鹿洞書院。南宋理學家朱熹重修白鹿洞書院，自兼洞主之後，為書院建立了嚴格的規章制度。朱熹以理學教育家的觀點，在總結前人辦學所訂規制的基礎上，制訂了《白鹿洞書院揭示》，即「父子有親，君臣有義，夫婦有別，長幼有序，朋友有信……博學之、審問之、慎思之、明辨之、篤行之……」提出了書院教育的指導思想、目標、教育內容、教育方法等，是中國古代書院學規的典範，隨即為江西和全國各地眾多書院所借鑒或採用，是中國教育史上最早的教育規章制度之一，並被後代學者認為是中國古代書院制度化、規範化的重要標誌。以書院學規為總的教育方針，朱熹在白鹿洞書院開展了多種形式的教學活動，包括「升堂講學」、「互相切磋」、「質疑問難」、「展禮」等，書院師生於相互問難辯詰之中，優遊山石林泉之間，促進學術，傳承文化。

　　歲月流逝，一百多年以前，近代中國在探索強國振興的道路上選擇了完全移植西方的大學制度。在晚清學制改革的大潮中，

為了急於擺脫「無裨實用」的傳統教育制度，清政府採取了取消書院，以便集中人力財力，發展新教育的「興學至速之法」，不無遺憾地拋棄了中國傳統的書院文化。幸而跨入新世紀的今天，書院文化又一次進入中國學人的研究視野，並日益受到各方重視。正如清華大學老校長梅貽琦先生所言：「今日中國之大學教育，溯其源流，實自西洋移植而來，顧制度為一事，而精神又為一事。就制度言，中國教育史中固不見有形式相似之組織，就精神言，則文明人類之經驗大致相同，而事有可通者。」[4]在完善現代意義上的中國大學制度方面，傳統的學院精神應有其獨特的位置和作用。

南昌鍾靈毓秀，是贛鄱文明重要的發源地。兩千多年以來，南昌一直都是贛文化的中心，來自江西各地的才子們彙聚南昌，走向全國，成就了兩宋以來光輝燦爛的江西文化。身處其中，南昌大學應該繼承江西書院文化的優良傳統，自覺肩負起傳承、繁榮、發揚贛文化的歷史使命。

如果說歷史悠久、博大厚重的傳統書院文化為南昌大學的發展進步提供了豐富的精神食糧，那麼，立足二十一世紀的南昌大學還必須擁有以現代教育理念改造自身、積聚力量，並為中國現代化進程貢獻片瓦，為社會進步提供智識支援和人才支持的決心和勇氣。

---

4 梅貽琦：《大學一解》，《清華學報》第十三卷第一期，一九四一年四月。

南昌大學是一個學科齊全的綜合性大學，對於這類大學，著名的教育家克拉克·科爾（Clark.kerr）定義為「多功能大學」（multi-versity），與先前人們熟知的單一功能大學（Uni-versity）相區別。這類大學的功能有三項：首先，大學生產知識，培養有創造性的人才，提供專業和基礎訓練，從事社會服務是其基本職責。其次，大學還與知識消費相關：包括創造通識教育機會，創造和維持一個充滿活力和興趣的校園。提供社會關愛，如醫療、諮詢和指導。第三，與公民教育相關，促進社會進步和公正是教育的責任[5]。在一個全省人口總數達四四〇〇餘萬的區域裡，作為江西省唯一的一所江西省人民政府和教育部共建的國家「二一一工程」重點建設大學，南昌大學有責任，也有能力為全省及周邊區域提供優良的高等教育資源，使有志青年得到富有競爭力和創造力的教育，從而成為國家建設的有用人才。

學科建設是高等學校的一項基礎性、全域性、戰略性的系統工程，是學校建設的核心內容。創建綜合性大學，必須正確處理學科建設中「基礎學科」與「應用學科」的關係，立足於培養高素質的複合型人才的需要，合理選擇和規劃學科的發展。科學發展和協調發展是南昌大學在培養人才方面的優勢，我們一方面要使學生學好專業知識，還要發揮綜合性大學門類齊全、學科交叉的優勢，通過文理工醫等多學科的整合教育、通識教育，充實學

---

5 轉引自馬萬華《從伯克利和北大清華》，教育科學出版社二〇〇四年版，第 16 頁。

生的文化底蘊，提高學生的綜合素養，將專業教育與學生的人格塑造、個性培養、世界觀、價值觀的完善結合起來，體現知識、能力與人格間的和諧統一，促進學生的全面發展。

作為一所輻射全省的地方性高等院校，南昌大學還應該積極利用地方資源進行學科建設，打造富有地方特色的優勢學科，從而更好地為區域經濟發展和文化建設服務。從當前高等教育發展的潮流看，大學為地方服務已成為共識與發展趨勢。「現在需要用一種新的觀點來看待高等教育，這種觀點要求把大學教育的普遍性與更多適切的必要性結合起來，以對社會對其功能發揮的期望作出回應，這一觀點不僅強調學術自由和學校自治的原則，而且同時強調了高等教育必須對社會負起責任。」[6]以科學發展的眼光來看，大學不僅是進行知識傳授和科學研究的中心，更是參與社會變革乃至於引導社會進步的重要因素。地方性院校只有更加關注地方的現實發展，以提供公共服務的姿態積極參與地方區域建設，才能更好地實現自身價值，謀得更為廣闊的發展空間。

「所謂大學者，非謂有大樓之謂也，有大師之謂也。」借此機會，我祝願未來的南昌大學大師雲集、學術豐厚；希望昌大人不僅勤於個人「檢束身心，砥礪品性」，且懷一顆拳拳報國之心，以自己的專業所長，服務社會，造福人民。謹為序。

6　聯合國教科文組織：《國際發展戰略（1991）》。

前言

　　「贛文化」與吳文化、蜀文化、齊文化、魯文化、楚文化一樣，是中國眾多地域文化中獨特的區域文化。江西這一區域地理位置處於吳頭楚尾，粵戶閩庭，在文化構成上受到吳楚、中原、客家等文化類型雜糅的影響，但也有江西本土原始文化的遺傳，具有很強的綜合性。與此同時，贛文化又極具創造力，具有鮮明的地方特色。而江西古文，是贛文化的一個重要組成部分。它作為中國古文園林的一朵奇葩，起步雖晚，但起點較高，是一種典型的遲到的輝煌。同時，以往的江西地方文獻叢書他們或論述江西的大文化，或論述江西的歷史，或論述贛文化的現代性意義，而對江西古文少有涉獵，即使涉及，篇目也略為簡省。而贛文化通典中的「江西古文」卷對南朝至近代的江西古文進行了一次完整的梳理，以期可以彌補以上不足。我們也試圖通過本卷，大致反映江西古文不同時期的風采，反映出江西作為古文故鄉的歷史地位。

　　江西文化及文學往往從陶淵明始，在宋代之前，江西文壇只有陶淵明算得上是中國文學史上的重要人物，其它作家很難在文學史上佔有一席之地。他的散文和辭賦創作，不依傍前人，也不

屈從世俗，獨立成家。陶氏存文不多，但是皆為佳制，所有辭賦文章幾乎都成為散文史上的經典作品，如《五柳先生傳》描寫一位隱居的高士，如《歸去來兮辭》敘說自己出仕和歸隱的過程，如《桃花源記》表現動亂時代期望和平安寧的普世心理或自抒胸臆。

唐代出現了一批江西籍的詩人和散文家，同時一些著名文學家在江西做官或者在江西漫遊，也留下了一些著名的作品。如王勃的《秋日登洪府滕王閣餞別序》，即著名的《滕王閣序》，還有韓愈《新修滕王閣記》。唐代江西文人中，中唐時影響較大的是吳武陵、施肩吾與盧肇。吳武陵，柳宗元稱其文「才氣壯健，可以興兩漢文章」。施肩吾，一心在南昌西山修道求仙，文諸篇都與養生修道有關。盧肇，文名甚盛，尤以辭賦擅名當時，其《海潮賦》名動天下。五代時期，江西籍的古文家最有成就的是王定保。他所撰《唐摭言》是五代時期最優秀的筆記散文，主要記載唐代科舉考試的制度及相關史實，為歷代學者所推重。

到宋代，江西古文的水準之高，在當時各地區處於領先水準，難有可比者。晏殊以神童至宰相，以能文著稱於世。唐宋八大家，江西占其三。歐陽脩是宋代古文運動的領袖人物，其文內容充實，無體不工，無所不能，委婉曲致，明曉暢達，表現出雍容大度的宗師風範。曾鞏散文講究章法，善於說理、文風紆徐、從容不迫。王安石的古文創作，見解深刻，往往以以政治教化為出發點，集中體現了他傑出政治家風貌。除三家之外，北宋時期的李覯、劉敞、劉攽兄弟、「臨江三孔」、曾鞏之弟曾布、曾肇、黃庭堅等，南宋時期的胡銓、楊萬里、汪藻、周必大、朱熹、文

天祥、謝枋得等都是傑出的古文家。這些作者如群星璀璨，構成江西文壇盛極一時的輝煌景況，為時代的文學繁榮做出了卓越貢獻。

元代江西文人又一次在古文領域中爭得了獨領風騷的地位，虞集、范梈、揭傒斯與福建的楊載並稱為「元四家」，成為元代中葉詩文創作成就最高的作家。虞集之文雍容雅正，典型地體現了元代館閣文臣的文風；揭傒斯散文創作類型多樣，內容豐贍，具有深廣的憂患意識。三家之後，江西又有一批文學新人如危素、傅若金、周伯琦等步上文壇，都取得了頗為可觀的成就。

明代江西散文作家基本上是繼承著宋元先賢的事業，顯得模仿的因素多，而創新的精神少。值得大書一筆的是湯顯祖，他除了光輝燦爛的「臨川四夢」外，也創作了大量優秀的古文。其序、記之文大多寫真我，敘真情，與其戲劇創作思想一脈相承；其尺牘清麗雅致，雋永飄逸，文采飛揚；最為後人所看重的《論輔臣科臣疏》鋒芒犀利、擲地有聲。

清代前期以遺民作家的創作為主，代表作家有魏禧、王猷定、賀貽孫。並形成了以陳宏緒、徐世溥為代表的豫章文派，以魏禧為代表的易堂諸子。遺民作家的散文創作在內容上多寫明末殉國志節之士的事蹟，蘊含著深沉的亡國苦痛，流露出亡國民族不甘臣服的慷慨意氣。清代中葉，隨著清朝政權的全面鞏固，江西散文創作中的正統傾向體現得更為突出，並且還形成了一個桐城文派的支流，即以魯九皋、鄒夢連、陳用光、吳嘉賓、陳方海為代表的贛派，與其他的桐城支派遙相呼應。

近代江西散文總體不及前代，無論作家數量還是作品數量都

不及前代，也沒有形成作家群體。但在這些為數不多的作家中還是不乏成就斐然者，主要有黃爵滋、高心夔、陳三立、陳熾、黃為基等。其中陳三立的散文近桐城派而又不為其所拘，風格「清醇雅健」，對近代古文的發展影響較大。

本卷選編範圍為自唐代以來至近代（1919 年止）的江西籍作家的散文。所謂江西籍，在本卷中的界定，一是指在江西出生並在江西成長的作家；二是指祖籍於江西但其後遊宦或客居於他鄉，但仍然受到江西文學傳統明顯影響的作家；三是指外省籍作家仕宦、客居或遊歷於江西，並對江西文學發展有過貢獻或影響的作家。由於每個地域所湧現的作家往往數以千計，本卷的選編作家只能是那些成就較高、影響較大的作家，並儘量予以客觀、理性的評價。本卷內容分正文和附錄兩大部分。正文以年代為順序，分析作家的古文創作內容、風格及後世對他們的重要評價；附錄是江西歷代古文選，選編了江西籍作家的重要古文作品。

《贛文化通典》江西古文卷對散見的文獻資料爬梳整理，或進行訂正，或歸納整合，或發前人之所未發，把最新的贛文化研究成果納入其中。修撰任務，責任繁重，感慨頗多。回想起二〇〇八年酷熱的暑假編者在書房揮汗成雨，挑燈夜戰；更難忘二〇〇九年冰凍的二月編者在省圖書館裡的搜集資料，梳理故實；還有那數次的辨章學術，考鏡源流，以及反反覆覆的討論、修改與校對……太對太多，但一想到先賢於字裡行間深寓的諄諄教化之心，導引激勵著我們繼續努力，描繪江西古文的美麗畫卷，為江西文化的發展做出應有的貢獻。

目錄

第 一 篇　　唐 及 唐 以 前 的 古 文

第二篇 兩宋江西古文

第三篇　元代江西古文

第四篇　明代江西古文

第六篇　近代江西古文

第一篇——

唐及唐以前的古文

緒論

　　唐以前，江西的文化及文學與中原地區諸省相比，屬於後開發地區。在二十四史前四史中，能夠入傳的江西人，寥若晨星。即如大名鼎鼎的徐孺子，也是因為名文《滕王閣序》而名揚海內。「徐孺下陳蕃之榻」，還是因為他受到了陳蕃的禮遇，而驟有大名。陳蕃是漢末時期德高望重、地位顯赫的政治人物，徐稚與其相比只是一位品行高尚的君子而已，《後漢書》將其入傳也是推崇其隱逸不仕的高風亮節。陳蕃是河南人，徐稚是江西人，當時的河南人才之盛，文化之盛是江西無法比擬的，先秦至兩漢以來，河南籍如陳蕃一類的傑出人物，數以百計，而江西籍如徐稚這樣的高士都屈指可數。江西著史，人物往往從徐稚始，而文化及文學則往往從陶淵明始。

　　清人李紱《南園答問》中對江西文學的描述，往往為著史者所引述，他對前唐的文學寫道：「粵自東漢，謁者李潮，黎陽九歌，《風》、《雅》啟苗。晉推靖節，上接《離騷》，蓮社賢豪，名章偉構，水深山高，散落人間，泰山毫毛。」泰山毫毛之說不可當真，其時江西尚屬蠻荒欠開發地區，中原文化的浸染和薰陶漸進過程，尚待時日，實在不可能出現較多的優秀作家和作品。在陶淵明之前，江西文人雖然史有記載，但作品幾乎全部亡佚，庶幾可以忽略不計了。

　　陶淵明無疑是贛籍奇峰峍立的偉大作家，他在詩歌、散文、辭賦諸方面都取得了巨大成就。他的散文不逐時流，不落窠臼，自成一家，名作《桃花源記》以疏落流暢的筆致，生動描述了一

個老子「小國寡民」理想境界，有著濃鬱的烏托邦情結，反映了亂世民眾企望和平生活的美好願望。《五柳先生傳》以極簡煉的筆調，塑造了一位遺世獨立的高士，以至於五柳先生成為歷代隱逸文學的重要符號。《自祭文》是一篇奇文，作者的生平意趣在文中得到充分的展示，其達觀的人生智慧，令人想見其羲皇上人的風概，後世效尤者甚眾，成為一種富有情趣的文學體裁。他的辭賦創作，可謂是當時辭藻堆砌、錦團繡簇的駢體辭賦的反撥。如《歸去來兮辭》，其行文之質樸，哲理之深邃，形象之高潔，文學史上少有可比擬者，無疑是當時抒情小賦的代表作品。再如《感士不遇賦》直白而入木三分的筆鋒，直刺當時「密網裁而魚駭，宏羅制而鳥驚」的黑暗現實，以及「真風告逝，大偽斯興」的澆薄風氣，酣暢淋漓，情感強烈。總之，陶氏的散文和辭賦都在當時文壇獨樹一幟，成就極高。

陶淵明在中國文學史上的崇高地位毋庸置疑，在任何文學史上都是值得大書特書的人物。以其成就而言，在陶氏之前普通文學史辟專章的偉大文學家只有大詩人屈原，接下來只有陶淵明瞭。從地域文學的角度而言，他為沉寂千年的江西文壇帶來一股強勁的清新之風，但遺憾的是，由於他在當時看來不合時宜的獨特創作風格和超前的審美意趣，待到被士人認同著實經歷了一個漫長的過程。所以，陶淵明對當時江西文壇影響力有限，他其實是相當寂寞的，好在他自己並不在意這種境地。杜甫評價李白「千秋萬歲名，寂寞身後事」，用在陶淵身上真是再貼切不過了。

南朝時期由門閥世族壟斷政治權力和控制文壇創作，遍翻文

學總集如嚴可均的《全上古兩漢魏晉六朝文》和逯欽立的《全上古兩漢魏晉六朝詩》，不難發現此時絕大多數作家都出身於豪門大族，且多為永嘉南遷的中原氏族。如著名的王、謝世族，還有陳、蕭、庾、徐等世家在這一時期的文壇佔據了統治地位。偏於東南一隅的江西在地理位置上，正好處於邊緣地帶，當時的江浙地區文風很盛，名家甚多。而自江西以西以南地區都屬於欠開發地區，氏族子弟除非到這一帶做官，不然很少會以此為家的。當時文化發達的地區主要在長江中下游沿岸一帶，以東以金陵（今南京），西以江陵為中心。江西地區只有江州（今九江）很小一部分在這一文化圈內，加上中原士族僑郡甚少，所以文化還是相當落後。遍查載籍，南朝近四百年的歷史，贛籍散文家居然難尋蹤跡。與江西相關的古文創作，只有一些來本地任職的官員，其中不乏著名的文人。如南齊時期的陸倕為著名的竟陵八友之一，是當時頗有名氣的文人，曾任潯陽太守、權江州刺史之職。他已存作品有幾篇便是任內所作，此類公文性的文章，也能反映當時典型的文風。

　　隋唐時期，江西文學在整個中國文壇所占的位置依然微不足道。唐代是中國文化十分繁盛的時期，文化藝術各方面都出現了在歷史上光芒四射的偉大人物及作品，如李白、杜甫、王維、白居易、李商隱的詩歌創作，韓愈、柳宗元的古文創作，都成為了中國文學史上的經典作品。《滕王閣序》是初唐天才文人王勃途經南昌時寫的千古名篇，此文將駢文這一文體的典雅華美發揮到極致。樓因文傳，滕王閣亦因此文成為江南名勝和南昌的標誌性建築。此時的贛籍古文家稍有名氣的屈指可數。盛唐時的熊曜可

能是當時惟一小有名氣的辭賦作者，他僅存一篇《琅玡臺觀日賦》，現在讀來還是文采斐然，氣象闊大。中晚唐時期出現了一些以文名世的作家，如吳武陵、舒元輿、施肩吾、盧肇、來鵬、來鵠等。這些人中以吳武陵成就最高，他與柳宗元交情甚厚，文章受柳文影響甚深，可以視為當時古文運動的實績。

五代十國時期，江西先後屬於吳和南唐的勢力範圍。相對戰爭紛繁的北方而言，南方較為安定，經濟和文化得到長足的發展。這時候江西出現了傑出的筆記《唐摭言》，作者王定保曾任南漢國的重臣，十分熟悉唐朝掌故，尤其是對唐代科舉制度頗有研究，記載了十分豐富的有關當時科舉考試事例和掌故，是後世研究唐代科舉制度和唐代文化的重要史料。文筆生動，斐然成章。宋齊邱是南唐的開國元勳，朝廷重臣，所撰文章多為朝政奏議一類，從文學價值而言，無足觀矣。

在宋代之前，江西文壇只有陶淵明算得上是中國文學史上的重要人物，其它作家很難在文學史上佔有一席之地。從文化發展態勢來考察，其實反映了中國文化逐漸向南方擴展的方向，黃河文明逐漸向長江文明過渡。從人才分布來看，自唐之後，南方人才在中國文化的地位愈益重要。有宋一代蘇、浙、贛、皖逐漸成為人文之淵藪，大有後來居上之勢。因此可以說，五代之前的江西文壇是宋代江西文化全面繁盛的前奏，中國文化發展的大趨勢，是江西宋代文化發達的最根本的背景因素。

第一節 ▶ 陶淵明的古文創作

在晉宋之際出現了陶淵明如此偉大的文學家，真是江西歷史上的一大異數。陶淵明固然是中國文學史上值得大書特書的人物，更是江西文學史上難以企及的顛峰。這座高峰如此奇崛突兀，仿佛海浪中無所憑藉而誕生的維納斯，又好像是受天地精華含孕橫空出世的孫行者。陶氏生長在江西的土地上，當時文化的土壤並不肥沃，能夠影響他的文學家至少我們現在無法確切的考證。尤其為後人所推崇的他那獨標一格的文學風貌和遺世獨立的處世態度，又仿佛不食人間煙火一般，所以他還是當時文壇的一大異數。舉目當時文壇，我們很難發現與陶氏風格相仿的文人。他的散文和辭賦創作，不依傍前人，也不屈從世俗，獨立成家。

蕭統《陶淵明集序》評論陶氏：

> 其文章不群，辭彩精拔，跌宕昭彰，獨超眾類，抑揚爽朗，莫之與京。
>
> 橫素波而傍流，干青雲而直上。語時事則指而可想，論懷抱則曠而且真。加以貞志不休，安道苦節，不以躬耕為恥，不以無財為病。處非大賢篤志，與道汙隆，孰能如此乎！……嘗謂有能觀淵明之文者，馳競之情遣，鄙吝之意祛，貪夫可以廉，懦夫可以立，豈止仁義可蹈，抑乃爵祿可辭，不必旁遊太華，遠求柱史；此亦有助於風教也。

蕭統是陶淵明知己，是陶集流傳的大功臣，又是眼光獨到的

鑑賞和評論家。按照他自己的說法：「余素愛其文，不能釋手，尚想其德，恨不同時，故加搜校，粗為區目。」可謂推崇備至。這段話從來為論陶者所徵引，認為是對陶文進行確切評價的第一人。毫無疑問，這段話正面評論陶文，充溢激情，評價極高。評論有當時政治方面的價值判斷，蕭統作為皇太子是權力寶塔層的頂尖人物，從風教的角度去衡量文章優劣，其實是情理之中的事情。在君主這個層面的人，自然希望「馳競之情遣」，果然如願，大家見帝位而毫無覬覦之心，豈不是天下太平。撇開這類政治評價，我們對照陶文，且看這段著名言論是否確切。「文章不群」諸語有虛有實，說陶文不群，獨超眾類，不是溢美之詞；而辭彩精拔，跌宕昭彰，抑揚爽朗之言與陶文似乎有點距離。陶文並非以辭彩跌宕見長，而是因其真性情和真胸襟而自成一家。

陶淵明的散文、辭賦，加上短小的詩序，大約二十餘篇。由於陶氏的大名，所有篇目都成為文學史上的名篇，流傳於世，膾炙人口。散文中最為著名的是《桃花源記》和《五柳先生傳》，後者只有一七〇餘字，文短茲錄於下：

先生不知何許人也，亦不詳其姓字，宅邊有五柳樹，因以為號焉。閑靜少言，不慕榮利。好讀書，不求甚解，每有會意，便欣然忘食。性嗜酒，家貧不能常得。親舊知其如此，或置酒而招之，造飲輒盡，期在必醉，既醉而退，曾不吝情去留。環堵蕭然，不蔽風日，短褐穿結，簞瓢屢空，晏如也。常著文章自娛，頗示己志。忘懷得失，以此自終。

贊曰：黔婁之妻有言：「不戚戚於貧賤，不汲汲於富

貴。」味其言，茲若人之儔乎？銜觴賦詩，以樂其志。無懷氏之民歟，葛天氏之民歟？

　　文章用筆極省淨，俄國作家契訶夫曾說「簡練是天才的姐妹」。如果說用最簡練的筆墨描寫一位隱居的高士，那麼本篇無疑是無可比擬的。文學史上寫隱士的文章很多，比如蘇東坡的《方山子傳》也是名篇，但沒有一篇文章能與本篇相提並論。因為本篇所塑造的五柳先生，幾乎成了中國隱逸文化的重要符號。後人都認為五柳先生是作者夫子自道，而且有些隱逸意趣的人喜歡以五柳先生自居，如王維詩「復值接輿醉，狂歌五柳前」，便是以五柳先生自況，當然王維不是隱士，只是他有濃鬱的隱逸情結而已。這位忘懷得失的五柳先生，天性恬淡，喜歡讀書，但又不求甚解。為什麼會這樣呢？因為他不執著於細節，沒有功利目標，所以他能夠做到不戚戚於貧賤，不汲汲於富貴，這是何等的瀟灑。人生一世，「惟有功名忘不了」，倘若真能做到置富貴於不顧，忘懷得失，那不是大境界的高人，又誰能做到？所以這種人就是無懷氏之民和葛天氏之民。瀟灑是其性格的一面，率真是他為人處世的另一面。他性喜酒，因為貧窮，而又不能常飲，親戚朋友照顧他邀飲，總是一醉方休，毫不客氣，絕無虛情假意。《宋書》本傳記載了他飲酒的事蹟，可以與此文映照：「江州刺史王弘欲識之，不能致也。潛嘗往廬山，弘令潛故人龐通之齎酒具於半道栗里要之。……既至，欣然便共飲酌。俄頃弘至，亦無忤也。……嘗九月九日無酒，出宅邊菊叢中坐久，值弘送酒至，即便就酌，醉而後歸。……貴賤造之者，有酒輒設。潛若先醉，

便語客『我醉欲眠，卿可去。』其真率如此。」仔細比較，五柳先生的作風和性格與作者多麼的一致。瀟灑而又直率，這就是陶淵明，這就是隱士群中的最高境界。作為文學家陶淵明是難企及的，而作為隱逸之士的陶淵明也是難以企及的。

與這一主題相近的文章是他的《歸去來兮辭》，寫於作者四十一歲辭去彭澤令而歸耕田園之時。辭賦前面有個小序也是傑作：

> 余家貧，耕植不足以自給。幼稚盈室，瓶無儲粟，生生所資，未見其術。
>
> 親故多勸余為長吏，脫然有懷，求之靡途。會四方之事，諸侯以惠愛為德；家叔以余貧苦，遂見用於小邑。余時風波未靜，心憚遠役。彭澤去家百里，公田之利，足以為酒，故便求之。及少日，眷然有歸與之情。何則？質性自然，非矯厲所得；饑凍雖切，違己交病。

這番話敘說自己出仕和歸隱的過程，十分實在，沒有一絲矯情之處。史載此回出仕，只有八十一天，因為不願折腰束帶見督郵，故辭官而去。辭賦主要寫歸家後閒適而自在的生活，以及樂天知命的情懷。此種心態，此種情境，展示的是一幅活脫脫的高士歸隱圖，成為隱逸文學中的經典。如果說《五柳先生傳》以傳神的筆墨，塑造了一位隱士形象，而《歸去來兮辭》則描寫了一種生活狀態。這種生活清高脫俗，而又質樸自然，並非不食人間煙火的那種清高，我們覺得陶淵明是個高人，但並非拒人千里之

外的神仙中人，而是一位平易近人令人神往的雅士。如：「引壺
觴以自酌，眄庭柯以怡顏。倚南窗以寄傲，審容膝之易安。園日
涉以成趣，門雖設而常關。策扶老以流憩，時矯首而遐觀。雲無
心以出岫，鳥倦飛而知還。景翳翳以將入，撫孤松而盤桓」。對
於這樣一幅圖景，我們只能用自在、從容、瀟灑一類的字眼來形
容。往後文學作品寫隱士生活狀態，仿佛定格在這一情調上，這
就是高士的生活，這才是標準的隱士生活。壺觴自酌、南窗寄
傲、容膝易安、扶老流憩、撫松盤桓已成為寫自由自在隱居生活
的經典詞語。宋代著名女詞人李清照，號易安；李彭，南宋詩
人，文集名《日涉園集》都是取自《歸去來兮辭》。這種取名多
少有從容自得的情趣寓於其中。

　　《桃花源記》在其散文中聲名顯赫，是所有古文選本的必選
文章。無論從意境、思想、文學特性，都是一流散文。老子在一
個動亂時代構建政治理想，就是希冀建立一個雞犬相聞老死不相
往來的小國寡民社會。老子這種烏托邦的理想社會，只是純粹政
論層面的闡述，而陶氏則以富有文學色彩的生動描寫，具體展示
了老子這一著名的理想。這種原創性的理想建構，表現了動亂時
代期望和平安寧的普世心理。在一個無法橫向比較的社會內，人
們在反省社會種種矛盾時，只有兩個可能的座標系，一是復古主
義的，比如儒家思想體系法先王，以所謂三代作為批判現實的參
照物；二是烏托邦式的虛構的理想社會，老子的小國寡民即是最
有代表性的一例。老子是一位天才智者，而陶淵明無疑是一位天
才智者加天才作家。我們且看這個小小的烏托邦社會：

土地平曠，屋舍儼然，有良田美池桑竹之屬。阡陌交通，雞犬相聞。其中往來種作，男女衣著，悉如外人；黃髮垂髫，並怡然自樂。

在《桃花源詩》中寫道：「相命肆農耕，日入從所憩。桑竹垂於蔭，菽稷隨時藝。春蠶收長絲，秋熟靡王稅。荒路曖交通，雞犬互相吠。俎豆猶古法，衣裳無新制。童孺縱行歌，斑白歡遊詣。草榮識節和，木衰知風厲。雖無紀曆志，四時自成歲。怡然有餘樂，於何勞智慧。」這是極省淨的筆墨，卻展示了一幅優美恬靜的田園圖景。這一社會包括制度的預設，都是頗有想像力的，當然在戰亂頻仍時代，這僅僅是幻想而已。和平安寧公平平等，這是陶淵明時代最缺乏的東西，也是一個好的社會最核心的東西。作者最嚮往的社會正義，是構成其社會理想的本質。當然作者並非停留在一個單純的希冀之上，而是為這一社會的運行進行了一種預想，也就是說他不希望他描繪的東西僅僅是一種想像的東西，而是預想它有施行的可能性，這就是老子的思想，無須國家無須法律，絕智棄聖順從自然。這是一個不爭的社會，只有在這一基礎之上才可以實現作者心目中的社會正義。在中國古代缺乏原創性思想家的背景下，陶氏桃花源無疑是一種寶貴的文化和思想遺產，在中國思想史上具有重要的地位。難怪桃花源已成為中國文化的重要符號，眾多的城市都有以桃源命名的地名如桃源里、桃源巷、桃源社區等，像臺灣有桃園縣，至於以桃園命名的風景點，遍布全國。桃源行是古代樂府詩題，來源自然是陶氏的作品，名作甚多，如王維的《桃源行》便是隱括陶記的名篇。

陶淵明的文集中受爭議最大的作品是《閑情賦》，作為陶氏知己的蕭統說：「白璧微瑕，惟在《閑情》一賦，揚雄所謂勸百而諷一者乎？卒無諷諫，何足搖其筆端？惜哉，無是可也。」認為《閑情賦》是陶集惟一的瑕疵，因為沒有諷諫，所以可以不寫。這篇被魯迅先生稱為頗為摩登的作品，的確在整個陶集中別具一格，在當時抒情小賦中也自有番風貌。賦中寫他夢中情人是一位容貌、德行、才情都十分完美的女子，作者期望長期守在她的身邊，但往往事與願違：

　　願在衣而為領，承華首之餘芳，悲羅襟之宵離，怨秋夜之未央。願在裳而為帶，束窈窕之纖身，嗟溫涼之異氣，或脫故而服新。願在髮而為澤，刷玄鬢於頹肩。悲佳人之屢沐，從白水以枯煎。願在眉而為黛，隨瞻視以閑揚。悲脂粉之尚鮮，或取毀於華妝。願在莞而為席，安弱體於三秋，悲文茵之代禦，方經年而見求。願在絲而為履，附素足以周旋。悲行止之有節，空委棄於床前。願在晝而為影，常依形而西東。悲高樹之多蔭，慨有時而不同。願在夜而為燭，照玉容於兩楹。悲扶桑之舒光，奄滅景而藏明。願在竹而為扇，含淒飆於柔握。悲白露之晨零，顧襟袖以緬邈。願在木而為桐，作膝上之鳴琴，悲樂極以哀來，終推我而輟音。考所願而必違，徒契契以苦心。

　　在人們心目中，陶淵明老先生，曠達瀟灑，不為名利所動，亦不為世情所羈，直是神仙中人，自然也不會為情所累。正應了

魯迅的話：「陶潛先生，在後人心目中，實在飄逸得太久了」（《且介亭雜文二集·題未定草》六）。文集中出現如此纏綿悱惻，傾心所愛的篇章殊不可解。其次，賦中充溢了香脂芳澤味，辭藻華麗，與陶淵明詩文恬淡質樸的風格相去甚遠。王瑤先生推論此賦大約作於陶氏三十歲喪偶之時，是悼亡之作。當然這僅僅是推論，並無確切的論據，大概亦因為《閒情賦》的確在陶集中是另類。在躬耕田園時沒有這種閒情逸志，晚年更沒有這樣的情緒。純從文本角度來看，此賦絕對是十分優秀的作品，我們現在考察《閒情賦》自然不會以「發乎情，止乎禮義」的迂腐詩教來衡量它。賦中展示的形象有「我」和「她」，她在賦中幾乎盡善盡美，俗話說情人眼裡出西施，她是作者眼中的「她」，且看形容詞彙：華首、纖身、佳人、弱體、素足、玉容等，憐惜愛慕之情溢於言表。這令人想起屈賦中以美人作喻，其實不一定是現實中的夢中情人，而是追逐的一種理想境界。這一境界是一種暗喻，愈是高遠的理想，愈是難以實現。實際上，屈原沒有實現自己的理想，而陶氏「猛志固常在」的滿腔熱忱，也化成了隱逸的高志。賦中矢志不渝的「我」，既是滿腔熱忱又是那樣無奈，他只有哀歎「考所願而必違，徒契契以苦心，……竟寂寞而無見，獨悁想以空尋」，大有癡情終被癡情誤的感慨。後文寫追夢失敗後的悵惘之情，也是抒情作品不多見的傑作：

　　歛輕裾以復路，瞻夕陽而流歎，步徙倚以忘趣，色慘凄而矜顏。葉燮燮而去條，氣凄凄而就寒。日負景以偕沒，月媚景於雲端。鳥凄聲以孤歸，獸索偶而不還，悼當年之晚

暮，恨茲歲之欲殫。思宵夢以從之，神飄搖而不安。若憑舟
之失棹，譬緣崖而無攀。

用借景抒情和情景交融這樣爛熟的詞語來評價這段文字，自
然合適不過了，可以成為教科書的典型舉例。在淒涼的晚秋時
季，又是在日色黃昏之時，寒風淒慘，孤雁哀號，此情此景，更
何以堪！作者故有憑舟失棹和緣崖無攀的感覺。從字面來看自然
是求佳人未得的痛楚，這種情境，仿佛讓我們想起曹植的《洛神
賦》中人神道殊的遺憾，「悵盤桓而不能去」的感慨，同樣是表
現一種無法實現理想的無奈。同是寫美女，曹賦多半用重筆濃彩
正面描寫洛神絕倫之美，而陶賦則用暈染之法，寫佳人之側影，
而且是通過作者的眼睛來寫，完全是情人眼裡出西施的那種感
覺。

《感士不遇賦》屬於魯迅所說的金剛怒目式的作品，沿襲了
趙壹《刺世疾邪賦》的傳統，大有不吐不快之意。作者有感於
「真風告逝，大偽斯興」的黑暗現實，抨擊才德之士備受壓抑的
現象，在這樣的背景之下，沒有公正可言，所以作者以達人自
居，「密網裁而魚駭，宏羅制而鳥驚，彼達人之善覺，乃逃祿而
歸耕」。陶文很少用典，而此賦卻大量鋪陳古代才德之士受壓抑
的故實，如「無爰生之晤言，念張季之終蔽；憫馮叟於郎署，賴
魏守以納計。雖僥然於必知，亦苦心而曠歲。審夫市之無虎，眩
三夫之獻說；悼賈傅之秀朗，紆遠轡於促界，悲董相之淵致，屢
乘危而幸濟；感哲人之無偶，淚淋浪以灑袂。……夷投老而長
饑，回早夭而又貧，……雖好學以行義，何死生之苦辛！疑報德

之若茲，懼斯言之虛陳。何曠世之天才，罕無路之不澀。」賦中連舉張釋之、馮唐、賈誼、董仲舒、伯夷、顏回等歷史上的賢者失意潦倒的境遇，進而懷疑「皇天無親，惟德是輔」的古訓。在這樣的背景之下，作者選擇歸隱之路便是順理成章的事了，所以在賦末寫道：「寧固窮以濟意，不委曲以累己，既軒冕之非榮，豈縕袍之為恥！誠謬會以取拙，且欣然而歸止。」這是非常清晰的思惟邏輯，既然統治者不以才德作為用人的標準，那麼即使富貴榮華也不是什麼光彩之事，反之亦然，歸隱也不是可恥之事。此賦的旨趣與《歸去來兮辭》並無不同，但格調情懷卻大相異趣。《歸去來兮辭》寫得神閒氣定，有超然物外的飄逸；而此賦則憤懣至極，入世情懷甚深。最後雖然殊途同歸，但情緒卻很不一樣。

　　他所作的《晉故征西大將軍長史孟府君傳》是一篇優秀的傳記文，傳主是作者的外祖父，也是當時甚有名望的士人。作者寫他灑脫而富有機智的個性，十分生動。文中寫道：

　　　　好酣飲，逾多不亂；至於任懷得意，融然遠寄，傍若無人。（桓）溫嘗問君：「酒有何好，而卿嗜之？」君笑而答曰：「明公但不得酒中趣耳！」又問聽妓絲不如竹，竹不如肉，答曰：「漸近自然。」中散大夫桂陽羅含賦之曰：「孟生善酣，不愆其意。」

　　可以想像，這位外祖父無疑頗受作者欣賞，其生活作派亦頗具乃祖之風。文章筆帶感情，所以極富情致。「漸近自然」已成

為常用詞語，《晉書·孟嘉傳》基本上照抄此文。這種史傳筆調，放於二十四史的作者群中也毫不遜色。

此外，晚年所作的《與子儼等疏》、《自祭文》都是自抒胸臆，表達曠達心志的傑作。前文寫作者有感於自己隱居，致使諸子饑寒交迫，「少而窮苦，每以家弊，東西遊走；性剛才拙，與物多忤。自量為己，必貽俗患，僶俛辭世，使汝等幼而饑寒」。但是委屈心志，勉強出仕，又不可取。好在隱居自有樂趣，「少學琴書，偶愛閒靜，開卷有得，便欣然忘食。見樹木交蔭，時鳥變聲，亦復歡然有喜。嘗言五六月中北窗下臥，遇涼風暫至，自謂是羲皇上人」。回顧一生，大分有限，垂垂老矣，舐犢之情油然而生，惟念「汝等雖不同生，當思四海之內皆兄弟之義」，文章後半部分，用了大量典故，說明兄弟團結的重要性。綜觀全文，慈父情懷躍然紙上，情感表達體貼入微，文字流暢自然，的確是魏晉時期不可多得的優秀文章。《自祭文》是一篇以四言為主的韻文，是古代典型的祭文格式，這篇文章與《挽歌詩》三首，論者都認為是作者逝世前的絕筆之作。生死事大，人們面臨死亡，出於生存的本能，通常會依戀生命，恐懼死亡，陶淵明深知生命終有一結，他能以曠達胸懷面對死亡，將其視為回歸自然的途徑，「死去何所道，托體同山阿」。他回顧自己的生活，沒有絲毫的遺憾，而是以欣慰的心情來描述：「自余為人，逢運之貧；簞瓢屢罄，絺綌冬陳。含歡穀汲，行歌負薪，翳翳柴門，事我宵晨。春秋代謝，有務中園。載耘載耔，乃育乃繁。欣以素牘，和以七弦。冬曝其日，夏濯其泉。勤靡餘勞，心有常閒。樂天委分，以致百年。」這是作者對自己一生的總結，而且是臨終

前的總結。這段韻文，可以視為一首優秀的四言詩。隱居躬耕的生活意趣，委運任化的人生感悟，與作者一生的志向始終相合，亦為文章平添幾分感染力。

陶氏存文不多，但是皆為佳制，所有辭賦文章幾乎都成為散文史上的經典作品，文章的成語和作者塑造的自我形象，都成為歷代作品的典範。

第二節 ▶ 南朝時期與江西相關的古文創作

雷次宗（386-448），字仲倫，豫章南昌（今江西南昌）人。次宗是當時頗有名氣的經學家，史稱「篤志好學，尤明《三禮》、《毛詩》」，曾師事著名佛學大師慧遠（《宋書‧隱逸傳》）。他曾應朝廷之召，赴京師開儒學館，在雞籠山聚徒教授，有學生百餘人。當時宋文帝數次幸臨次宗學館，資給甚厚。後來他辭歸廬山，「公卿以下，並設道祖」。元嘉二十五年，文帝下詔「前新除給事中雷次宗，篤尚希古，經行明修，自絕招命，守志隱約。宜加升引，以旌退素。可散騎侍郎」。這是品位很高的官職。後又徵召入京，為設招隱館，為皇太子和諸王講《喪服經》。他去世時，皇帝專門寫信給江夏王劉義恭，義恭回信說：「雷次宗不救所疾，甚可痛念。其幽棲窮藪，自賓聖朝，克己復禮，始終若一。伏惟天慈弘被，亦垂矜憫。」可見次宗名望甚高，甚得朝廷眷顧。《宋書》將其列入《隱逸傳》，屬於隱士中的高人。

嚴可均《全宋文》卷二九輯次宗文四篇，其中《答袁悠問》

《答蔡廓問》是作者授徒時答疑解惑的論文，內容是關於喪禮的。《甥侄》是一篇小考據文章，文不長，茲錄於下：

夫謂吾承者，吾謂之侄，此名獨從姑發。姑與伯叔，於昆弟之子，其名宜同。姑以女子有行，事殊伯叔，故獨制侄名，而字偏從女。如舅與從母，為親不異。而言謂吾舅者，吾謂之甥，亦猶自舅而制也。名發於舅，字亦從男。故侄字有女，明不及伯叔；甥字有男，見不及從母。是以《周服》篇無侄字，《小功》篇無甥名也。

這類小考證文章很像後世的讀書札記，如北齊著名學者顏之推《顏氏家訓》中便有許多類似的考證札記。學術性的文章頗能顯示出作者的學養和見識，次宗兩篇答問之文，都旁徵博引，引經據典，顯示了他對禮學有深入的研究。

《與子侄書》是他現存文章中最有文采的作品，文章是寫給至親晚輩的，所以作者無論抒寫平生胸懷，還是教導子侄，既情真意切又言辭剴切。文章起首便述說自己委運任化，順其自然的天性，「為性好閑，志棲物表，故雖在童稚之年，已懷遠跡之意……，洗氣神明，玩心墳典，勉志勤躬，夜以繼日。爰有山水之好，悟言之歡，實足以通理輔性，成夫亹亹之業，樂以忘憂，不知朝日之晏矣」。而今已過知天命之年，更是窺破人生，所謂「縱心於所托，棲誠來生之津梁，專氣莫年之攝養，玩歲日於良辰，偷餘樂於將除，在心所期，盡於此矣」。很顯然隱逸是作者恪守的志向，他也希望自己的子侄能從自己的經驗中得到借鑒，

「但願守全所志，以保令終耳」。在一個動亂社會裡，官場的危機顯然大於隱逸生活，「名士少有全者」的時代，對於一位智者而言，以保令終是一個不錯的選擇。作者以過來人的身份，向晚輩訓飭，其苦心孤詣，昭然可見。

通篇文章，駢散兼行，娓娓道來，顯得特別親切，此篇與陶淵明的《與子儼等疏》對照來看，情趣和旨意頗有相通之處。只是陶文更為質樸，舐犢之情更為親切。而此文則更具文采，工整的句式觸處可見。

整個南北朝時期，雷次宗是現存僅見的贛籍散文作家。其它有些文人曾在江西為官時寫下了一些文章。如宋初文學家顏延之，曾任劉柳的後軍功曹，駐軍潯陽，與陶淵明相從甚密。陶氏歿後，延之作《陶徵士誄》，是研究陶淵明生平的重要史料，這也是與陶淵明交往的友人惟一留存的紀念文字。延之在當時是與謝靈運齊名的大文學家，文筆皆長。此文分文、辭兩部分，文為當時流行的駢文，辭則是四言韻文。鍾嶸引時人湯惠休論延之詩文：「顏如錯采縷金」，是說其作品富有文采。誄文能體現這一特點，如文章開篇：

　　夫嶽玉致美，不為池隍之寶；桂椒信芳，而非園林之實；豈其深而好遠哉，蓋云殊性而已。故無足而至者，物之藉也；隨踵而立者，人之薄也。

寫陶氏隱居生活：

> 道不偶物，棄官從好。遂乃解體世紛，結志區外，定跡
> 深棲，於是乎遠。灌畦鬻蔬，為供魚菽之祭；織絢緯蕭，以
> 充糧粒之費。心好異書，性樂酒德，簡棄煩促，就成省曠，
> 殆所謂國爵屏貴，家人忘貧者歟？

四六駢文，難在屬對工整而氣韻流暢。顏延之為駢文大家，
寫得從容不迫，沒有駢文容易出現的板滯格澀，堆砌辭藻之病。

四言韻文是祭文的通例，誄辭主要是讚頌陶氏安貧守道的高
風亮節：「晨煙暮靄，春煦秋陰，陳書綴卷，置酒弦琴。居備勤
儉，躬兼貧病，人否其憂，子然其命。隱約就閒，遷延辭聘，非
直也明，是惟道性。」再敘寫自己與淵明的友誼和悼念之情。

顏延之當時的名氣大大超過陶淵明，文章對陶氏的表彰也主
要在隱居的氣節方面，而對其詩文的造詣，並無過多評價。後來
的蕭統編《陶淵明集》，為文集作序，則在詩文和為人兩方面對
陶淵明予以很高的評價。

南朝時期有些著名文人在江西為官，在任時期曾作一些文
章。現介紹齊梁時期文學家陸倕。

陸倕（470-526），字佐公，吳郡（今江蘇吳縣）人，晉太尉
陸玩六世孫。齊永明中舉秀才，辟竟陵王議曹從事參軍，為當時
著名的竟陵八友之一。又任盧陵王法曹參軍。入梁為右軍安成王
外兵參軍，轉主簿，遷驃騎臨川王東曹椽太子中舍人，太子庶
子，國子博士，中書侍郎，給事黃門侍郎，揚州別駕從事史，遷

鴻臚卿，擢為吏部郎，參選事，出為雲麾晉安王長史，潯陽太守，行江州府州事，左遷中書侍郎，司徒司馬，太子中庶子廷尉卿，又為中庶子，加給事中揚州大中正，複除國子博士，守太常卿，普通七年卒，終年五十七歲。陸倕是當時以文名著稱於世，與任昉齊名。作者是齊梁時期的駢文大家，現存文章皆為駢文，屬對工穩，多用故實，辭藻華麗，風格典雅，體現了當時駢文之作的典型風貌。《梁書》卷二七、《南史》卷四八有傳。

　　他在任潯陽太守和行江州府州事任上有兩篇文章，分別是《將至潯陽郡教》和《謝敕使行江州事啟》，我們且引前文上半部分，以見一斑：

　　　　第五倫之臨會稽，躬斬馬草；鄧伯道之蒞吳郡，自運家糧。故能使吏作頌歌，民胥興詠。太守薄德，謬叨龜組。竊願巴祗，闇坐接客，思匹吳隱，被絮對賓，常藥自隨，式瞻無遠，單車入境，竊所庶幾。舊鬚髮民治道，及戌邏揄樵采，諸如此類，一皆省息。

　　文章開始即以漢代名臣第五倫和晉代郡守鄧攸（字伯道）自期，第五倫擔任會稽太守時自割馬草，鄧攸任吳郡太守時，自運家糧，所以得到百姓的愛戴。現在自己在赴潯陽太守的途中，希望輕車從簡，取消迎候的繁文縟節。該文可謂南朝時典範的駢體文，規整的四六句式，用典相當繁富，駢對工穩精當，辭采富妍精工。

　　作者受朝廷任命代行江州刺史之職，按例，古代官員接受朝

廷任命都要寫表章感謝皇恩浩蕩，眷顧有加，並表示要盡心盡職，擢拔賢能。全文如下：

> 封畛遐曠，纏井奧實，陸海神皋，偏屬茲境，兼以茂親明德，維翰作鎮，宣述條教，匡贊盛猷，自非問望兼弘，寧可擢膺嘉舉。（嚴可均《全梁文》卷五三）

《文心雕龍·奏啟》云：「啟者，開也。高宗云，『啟乃心，沃朕心』，取其義也。……奏事之末，或云謹啟。自晉來盛啟，用兼表奏。陳政言事，既奏之異條；讓爵謝恩，亦表之別幹。必斂飭入規，促其音節，辨要輕清，文而不侈，亦啟之大略也。」古代表啟同稱，表一般是下臣上奏皇帝的議事奏章，著名作品如諸葛亮的《出師表》和李密的《陳情表》。而啟一般來說篇幅較表要小，多半是謝主隆恩的內容，如加官晉爵，通常都要上表啟感謝朝廷的恩眷。這種表啟基本上有一定的格式要求，而且多半都用駢文來寫。此文為感恩之作，在古代士大夫的文集中十分常見，其寫作特點和基本格式非常符合這一文體要求，文字典雅，駢對工穩也是這類文章的共同特點。

綜上所述，南朝時期江西籍散文家寥若晨星，體現了在這一時期江西文化仍然處於文化邊緣的位置，可謂是江西文化繁榮的蓄勢待發的準備期，真正繁榮要到宋朝。

第三節 ▶ 唐代的江西散文家

唐代是文化普遍繁榮時期，流風所及，江西也受到一定程度的影響。這一時期出現了一批江西籍的詩人和散文家，同時一些著名文學家在江西做官或者在江西漫遊，也留下了一些著名的作品。

與江西相關的作品在唐代最著名的，無疑是初唐文學家王勃的《秋日登洪府滕王閣餞別序》，即著名的《滕王閣序》，還有就是韓愈《新修滕王閣記》。

王勃的《滕王閣序》是他南下省親路過洪州的即席之作，樓以文傳，因為有了這篇序，滕王閣成為南昌的城市名片。此文是千古奇文，尤其是即席之作，愈加能顯示作者的曠世之才。從形式來看，此文是嚴謹的駢體文，通篇駢對，全文基本上由工整的四六句式構成，寫作難度很大。文章用典繁富，詞采絢麗，其富豔精工令人讚歎。從內容來看，此文並非無病呻吟之作。文章寫得一波三折，跌宕起伏。前面寫滕王閣四周景色，氣勢宏闊，充滿詩情畫意：

> 臨帝子之長洲，得天人之舊館。層台聳翠，上出重霄；飛閣翔丹，下臨無地。鶴汀鳧渚，窮島嶼之縈回；桂殿蘭宮，即岡巒之體勢。披繡闥，俯雕甍。山原曠其盈視，川澤紆其駭矚。閭閻撲地，鐘鳴鼎食之家；舸艦迷津，青雀黃龍之軸。雲銷雨霽，彩徹區明。落霞與孤鶩齊飛，秋水共長天一色。漁舟唱晚，響窮彭蠡之濱；雁陣驚寒，聲斷衡陽之浦。

這段文字極為精彩，作者用詩一般的語言描述滕王閣周邊勝景，文字清新流暢，氣勢十分恢弘。然後登高遠眺，感慨萬端，「天高地迴，覺宇宙之無窮；興盡悲來，識盈虛之有數。」這種過渡十分自然。面對無窮的宇宙，覺得自己十分渺小，命運又是那樣不可捉摸。故有戀闕之情和懷才不遇之歎：「懷帝閽而不見，奉宣室以何年。嗟乎！時運不齊，命途多舛；馮唐易老，李廣難封。屈賈誼於長沙，非無聖主；竄梁鴻於海曲，豈乏明時。所賴君子見機，達人知命。老當益壯，甯移白首之心；窮且益堅，不墜青雲之志。」用典很是貼切，文意轉折的邏輯情感的展現過程十分自然。《滕王閣序》無論從哪一角度來看，都是古代駢體文中的最優秀的作品，作者王勃亦因此文而名垂不朽。

韓愈於唐憲宗元和十四年（819）移任袁州刺史，翌年任內，受當時的頂頭上司江南西道觀察使王仲舒之邀，寫下《新修滕王閣記》。韓愈是一代文章巨擘，後人懾於韓氏大名，以為有關滕王閣的詩文，以王勃的序為第一，而韓文排第二。在韓集中，此篇或許算不上最好的作品，卻也能體現韓文戛戛乎獨造的特點，表現出傑出文學家獨闢蹊徑，決不拾人牙慧的創造能力。韓愈寫此文時，他並沒有來過南昌，當然也就沒有見過滕王閣，更不用說親見王仲舒新修滕王閣的業績。那麼如果憑道聽塗說，加上想像，讚美一番高閣，亦無所不可，憑韓愈才華敷衍成文絕非難事。但作者卻沒有這樣寫，而是蕩開一筆，層層鋪敘，極言自己久已仰慕滕王閣，然而各種原因使此心願無以實現，頗為遺憾。且看：

　　愈少時則聞江南多臨觀之美，而滕王閣獨為第一，有瑰偉絕特之稱；及得三王所為序賦紀，壯其文辭，益欲往一觀而讀之，以忘我憂；系官於朝，願莫之遂。十四年以言事斥守揭陽，便道取疾以至海上，又不得過南昌而觀所謂滕王閣者。

　　這裡作者層層遞進，一是少年時代就嚮往此閣，二是讀三王序賦紀，愈加嚮往。本來赴任揭陽是個機會，但因為生病走了海路，又沒有機會來南昌。後來移任袁州刺史，為南昌下屬州，以為有機會來南昌，一睹滕王閣風貌。可是這時由王仲舒出任江西觀察使，「八州之人，前所不便及所願欲而不得者，公至之日，皆罷行之。大者驛聞，小者立變，春生秋殺，陽開陰閉，令修於庭戶數日之間，而人自得於湖山千里之外。」文章到這裡其實已經切題，無非是讚頌頂頭上司治理江西的業績，問題是作者的寫法絕無諂諛之態。既然地方治理得這麼好，作者就沒有理由來南昌彙報工作，找不到藉口來遊覽滕王閣，所謂「而吾州乃無一事可假而行者，又安得舍已所事以勤館人？則滕王閣又無因而至焉矣！」真所謂天下太平，垂拱而治了，這對上司無疑是一種最高的讚賞。這篇文章內容沒有什麼可以稱道之處，是官場習見的應酬文章，讚頌讚頌自己的上司，也是官場常見的作風。但就是這樣一個俗不可耐的題目，由韓愈做出來，卻波折起伏，一唱三歎。如「則滕王閣又無因而至焉矣」一句，似乎作者未能到滕王閣一遊遺憾至極，其實還是強調他未能一遊的原因，這也是經過層層鋪敘作者點題之所在。

在唐代江西文人中，中唐時的吳武陵擅長作文。武陵，信州貴溪（今江西貴溪）人，唐憲宗元和二年進士（807），曾因事貶永州，恰與柳宗元貶永州同時，遂師事宗元，甚得宗元讚賞，《河東集》存《答吳秀才謝示新文書》，稱其文「才氣壯健，可以興兩漢文章」。武陵曾官韶州刺史。《全唐文》卷七一八收吳武陵文章共七篇，分別是《上韓舍人行軍書》、《上崔相公書》、《遺吳元濟書》、《遺孟簡書》、《諫寶易直》、《新開隱山記》、《陽朔縣廳壁題名》。《新開隱山記》與《陽朔縣廳壁題名》是兩寫山水景物的文章，明顯看到柳宗元山水遊記的影響。前者如：

> 自岩西南上陟飛梯四十級，有碧石盆，二乳竇滴下可以酌飲，又梯九級得白石盆，盆色如玉，盆間有水無源，香甘自然，可以飲數十人不竭。還自石盆東北上又陟飛梯十二級得石堂，足坐三十人，乳穗駢垂，擊之鏗然金玉聲。堂間有石方如棋局，即界之以弈，倏然不知柯之爛矣。……峒東有石室，妙如刻劃，頂上方井弱翠輕淥，便如藻繡。自峒南下仰矚東崖，有凝乳如樓如閣如人形如獸狀，暗然不知造物者之所變化也。……北上山頂，盤曲五百步，石狀如牛如馬、如熊如羆，劍者鼓者笙竽者塤篪者，不可名狀。

這是較早詳盡描述喀斯特溶洞地貌的古文獻，描寫細緻生動，貌似柳宗元的永州八記。後者寫陽朔的景色，頗為壯美：「朔經四百里，孤崖絕巘，森簪駢植。類三峰九疑，析成天柱者凡數百里。如樓通天，如闕凌霄，如修竿，如高旗，如人而怒，

如馬而歡，如陣將合，如戰將散，難乎其狀。」陽朔現今已是著名的旅遊勝地，其怪石嶙峋，千奇百怪，是吸引遊客的主要原因。吳武陵這類文章是遊記中的佳作，通篇鋪陳有序，描寫生動細緻。

吳武陵入仕之初，曾得當時的淮西節度使吳少陽的賞識，史稱：「淮西吳少陽聞其才，遣客鄭平邀之，將待以賓友，武陵不答。」（《新唐書・吳武陵傳》卷二〇三）他沒有接受吳少陽入幕的邀請。後來少陽卒，其子吳元濟繼任節度使之職，反叛朝廷。武陵遺書吳元濟，勸其歸附朝廷，這篇文章在《新唐書》本傳中全文刊載。這封勸降書，令人想起梁朝時丘遲的《與陳伯之書》，雖然丘文起了作用，使陳伯之歸附朝廷，而吳文沒有起到這一作用。但吳文的確是一篇優秀勸降告誡之文，文章開始從為人的基本原則來分析叛亂危害：

　　夫勢有不必得，事有不必疑，徒取暴逆之名，而殄物敗俗，不可謂智；一旦亡破，平生親愛連頭就戮，不可謂仁；支屬繁衍，因緣磨滅，先魂傷餒，不可謂孝；數百里之內，拘若檻阱，常疑死於左右手，低回姑息，不可謂明。且三皇以來，數千萬載，何有悖理亂常而能自畢者哉？

智、仁、孝、明是做人的根本，叛亂的結果是身死家亡，自然是不智不仁、不孝不明之舉。這段文字簡練而富有氣勢，用排比的方式，似乎有不可辨駁之勢。在這段話之後，又列舉憲宗即位後，勵精圖治，先後平叛，「赫然命偏師討之，盡伏其辜」。

然後文章較詳盡地分析了國家形勢，以及戰爭可能引起的後果，依靠其它藩鎮作外援，並不可靠，「二鎮不敢動亦明矣，足下何待而窮處邪？」再提到憲宗皇帝英武任賢，而諸將又秣馬厲兵，叛亂者根本無機可乘。在分析的前提下，奉勸吳元濟歸順朝廷：「易地而論，則嬰兇橫之命，不若奉大君官守矣。枕戈持矛，死不得地，不若坐兼爵命而保胤嗣矣。」這種鮮明的比較很有說服力。文章最後以十分強硬的口吻警告吳元濟：

> 昏迷不返，諸侯之師集城下，環壘刻塹，灌以流潦，主將怨攜，士卒崩離，田儋、呂興發於肘腋。屍不得裹，宗不得祀，臣僕以為誠，子孫所不祖，生為暗慝之人，沒為幽憂之鬼，何其痛哉！

此文充溢凜然正氣，對叛軍首領吳元濟多方面加以勸說，從君為臣綱的大道理，到身家性命的現實後果，都一一曉以大義、曉以利害，吳元濟沒有聽從勸誠，結果當然不出吳武陵所料。

《上韓舍人行軍書》是寫給韓愈的書信。當時宰相裴度率兵討伐叛軍吳元濟，韓愈任裴度的行軍司馬，隨軍出征。吳武陵致書韓愈，獻計獻策，剿滅叛軍，希望韓愈能轉達自己的謀略於宰相。其策云：

> 夫兵機若神，應事立斷，千里之外必待奏聞，而後行事亦變矣。誠願丞相宜密請勑旨，事無巨細行而後聞。又宜奏取中人嘗所不快者為監軍，以一之即歸素所快者於內。為吾

地則用陰符五賊之術傾諸侯，即復出絹八九十萬以賞結士大夫，誠然矣，則孰不為丞相之人；……以朝命命三將為三陣，既定則明斥候擊牛高會，潛授緣邊諸將以實期。又公以三期給賊，令辨士持一函書，賜元濟及其將士以全活，彼必降矣。

《新唐書》簡述吳武陵的文章後，說：「時度部分已定，故不見用。」似乎很欣賞這一謀略，為裴度不用此謀而遺憾。戰爭發生之時，通過對時事的分析判斷，他料定吳元濟必亡。本傳贊道：「武陵之奇譎類如此」。《新唐書》將吳武陵置於《文藝傳》中，在此傳中與他相鄰的前面是李賀，後面是李商隱兩位大詩人，有意思的是二李傳的字數，加起來尚不到吳武陵傳的二分之一。大約吳武陵是一個優秀的古文家，歐陽脩做傳時對其有所偏愛，所以引文較長。

施肩吾，生卒年不詳，洪州（今南昌）人，字希聖自號棲真子，元和十年（815）進士，有意思的是，考中進士後，不待朝廷授職，便隱居現在的南昌西山了。唐代的隱士同時都是道士，施肩吾亦不例外。他一心在西山修道求仙，有詩云：「重重道氣結成神，玉闕金堂逐日新。若數西山得道者，連予便是十三人。」無疑是一位虔誠的道士了。《全唐文》卷七三九肩吾存文九篇，其中兩篇賦是唐代流行的「禮賦」，其它諸篇都與養生修道有關。

《與徐凝書》是一篇短札，言其為何考取進士而不當官：

僕雖幸忝成名，自知命薄，遂棲心玄門，養性林壑，賴先聖扶持，雖年迫遲暮，倖免龍鍾，觀其所得，如此而已！

　　這一短札簡練明快，頗見功力。學道求仙的文章，本來乏味，但施肩吾寫得頗有章法和文采。

　　訪道尋真，求師擇友，覽仙經之萬卷，不出陰陽，得尊師之一言，自知真偽。水火金木土五行也，相生而為子母，相克而為夫婦，舉世皆知也。明顛倒之法，知抽添之理者鮮矣。上中下精氣神，三田也。精中生氣，氣中生神，舉世皆知也，得反覆之義，見超脫之功者鮮矣。（《西山群仙會真記序》）

　　夫太空浩渺，虛無自然，視之杳溟無形，聽之寂寞無聲。近而無比，遠而無邊，用而無竭。處後而無後之後，居先而無先之先。（《五空論》）

　　余慕道年久，修持沒功，夙夜自思，如負芒棘。嘗因暇日，竊覽《三靜經》云：「夫修煉之士，當須入三靜關，陶煉神氣，補續年命。大靜三百日，中靜二百日，小靜一百日。」愚雖不敏，情頗激切，神道扶持，遂發至懇，且試小靜。即以開成三年戊午歲起，自正月一日庚辰閉戶自修，不交人事，克期百日，方出靜室。雖五穀並絕，而五氣長修，倖免瘦羸，不知饑渴。未逾月而神光照目，百靈集耳，精爽不昧，此三者皆應，則知仙經秘典不虛設也！（《述靈響詞序》）

上述所引皆是坐而論道之作，或闡釋道家基本學說，或介紹自己學道心得，總而言之都與求仙學道相關。隱士即是道士，這是唐代社會非常具有特色的社會現象。翻一下新、舊唐書的《隱逸傳》，幾乎全是道士的傳記。施肩吾是隱士，他中過進士，當然不是因為無法進入仕途而無奈隱居，而是因為他的確崇信道教，將求仙作為人生最大目標，正如他自己所說：「觀其所得，如此而已！」人生不過如此，做官只是虛名而已，不如「棲心元門，養性林壑」，修練長生之術。聯繫到當時崇信道教、崇尚求仙的社會風尚，這在士大夫中是一種普遍現象，中晚唐皇帝起碼一半以上是死於誤食求仙金丹的，即使是號稱中興之主的憲宗亦未能倖免。由此可知，對求仙的崇信和質疑在當時士人中都頗為常見。施肩吾的言論從道教的角度看相當精熟，文采亦是這類文章的佼佼者。

他還有一篇頗有特色的座右銘：

> 元氣真精，能得萬形，其聚則有，其散則零。我氣內閉，我心長寧。至人傳授，小兆諦聽。如病得愈，如醉得醒。心安而不懼，形勞而不倦。心淡而虛則陽和集，意躁而欲則陰氣入。心悲則陰集，志樂則陽散。不悲不樂，恬淡無為者，謂之元和。清靜無為，不以外物累心，則神全而守固。

這顯然是作者學道之後領悟的養生格言，從為人處世的角度而言，這已經修養到很高的境界了。這種境界我們從晚年白居易

和中年蘇軾身上能夠看到。

　　盧肇（?-873），字子發，袁州宜春（今屬江西）人，唐武宗會昌三年（843）狀元及第。歷任著作郎、倉部員外郎、集賢直學士等職。唐懿宗咸通年間，先後出任歙州、宣州、池州、吉州刺史，咸通末年，告老還鄉。現存《文標集》三卷。關於盧肇的生平，他在《進海潮賦狀》中夫子自道，文章甚有文采，節選如下：

　　　　臣門地衰薄，生長江湖，志在為儒，弱不好弄研求，近代寒苦，莫甚於斯。臣伏念為業之初，家空四壁，夜無脂燭，則燃薪蘇，曉恨頑冥，亦嘗懸刺。在名場則最為孤立，於多士則時負獨知，累竊皇恩，遽變白屋。

　　這是上給皇帝的奏章，當然不會是虛言。他出身寒苦，依靠自己的艱辛苦讀終於狀元及第。這在門第觀念仍然很重的唐代是十分不容易的。盧肇文名甚盛，尤以辭賦擅名當時。最著名的作品為《海潮賦》。這是作者精心結撰的大賦，有五千餘字。大賦興盛於漢代，後世雖有效尤者，但佳制甚少，問津者稀。原因在於鋪張揚厲的大賦，最不易把握，很難寫出令人滿意的作品出來。有時寫作大賦完全成了逞才使氣的才華顯示，一旦寫出好的作品來，往往聲名大振。如左思寫成《三都賦》，使得洛陽紙貴，有轟動效應。在唐代還有士大夫獻賦的傳統，有才而往往失意的士人，可以通過獻給朝廷的辭賦來顯示自己的才華，從而震動天聰，皇帝龍心大悅，說不定就能得到重用。如大詩人杜甫困

居長安求職，最後的手段也是上三大禮賦，這一招還真有點用，玄宗下旨讓他到集賢院待試，總算驚動天聰。盧肇作《海潮賦》亦有此意，此賦獻上之後，受到朝廷嘉獎，說：「足稱一家之言，以祛千載之惑。其賦宜宣付史館」。在他的文集中，與此賦相關的作品，還有《海潮賦序》、《海潮賦後序》、《日至海成潮入圖法》、《新定海潮集解》，《進海潮賦狀》等。此賦主要是探究潮汐形成的原因，在序中說：

　　夫潮之生，因乎日也，其盈其虛，係乎月也，古君子所未究之。……肇適得其旨，以潮之理未始著於經籍間。以類言之，猶乾坤立則易行乎其中，易行乎其中，則物有象焉。物有象而後有辭，此聖人之教也。肇觀乎日月之運，乃識海潮之道。識海潮之道，亦欲推潮之象。得其象亦欲為之辭，非敢炫於學者，蓋欲請示千萬祀，知聖代有苦心之士如肇者焉。

在盧肇之前，南朝的木華曾作《海賦》，是著名作品。《海賦》是詠物賦，寫大海的壯觀和氣象萬千，是純粹的文學作品。而盧氏之作，卻有探索自然現象的目的。作者有感於潮汐現象歷代有人試圖解釋，但難以令人信服。經過遍查載籍，仔細觀察分析，認真思索探究，認為自己已經能夠圓滿解釋潮汐這一自然現象。作者注意到日月朔望對潮汐的重大影響，所謂「夫潮之生，因乎日也，其盈其虛，係乎月也」，與現代科學解釋潮汐現象，有相似之處。他非常自信，以為「今將考之以不惑之理，著之於

不刊之辭」，似乎已經解決了這一問題。其實，他始終以傳統的陰陽之說，來解釋這一現象，顯然亦未究之。他說：

　　粵若太極分陰分陽，陽為日，故節之以分至啟閉。陰為水，故霏之以雨露雪霜。……故水者陰之母，日者陽之母。陽不下而昏曉之望不得成，陰不升而雲雨之施不得睹。

　　這是整篇賦的立論之點，我們自然難以認同。作者的探索方法完全建立在演繹基礎上，以陰陽學說作為演繹的出發點，而不是用實驗物理和數學模型的科學方法，結論不可能正確。當然，企望一二〇〇年前的古人能夠正確認識潮汐現象形成的原因，的確有些苛求古人了。盧肇的探索精神可嘉，這樣的作品在古代可謂是鳳毛麟角。很少有人用賦的形式來探索一個自然現象，而作者用了整整一組文章來進行研究，這不能不說是文學史上的奇特現象。從另一角度來看，盧肇對潮汐的認識，其實達到了當時人們最高水準，否則，皇帝也就不會嘉獎他了。

　　此賦上承漢大賦的特點，運用主客對話的形式，通篇鋪張揚厲，辭藻富麗，氣勢宏闊。賦中多為說理之辭，作者列舉各種潮汐現象，然後一一加以解釋。在列舉之時，頗有可觀之句，如：

　　自曉至昏，潮終復始，陽光一潛，水復迸起。復來中州，逾八萬里，其勢涵澹，無物能弭。分晝於戌，作夜於子。……浙者折也，蓋取其潮出海屈折而倒流也。其地形也，則右蟠吳而大江罩其腹；左挾越而巨澤灌其喉。獨茲水

也，夾群山而遠入，射一帶而中投。

盧肇文集辭賦還有幾篇，有一篇《如水投石賦》下有小序：「以聖獎忠道從諫如流為韻。」似乎是一篇應試的律賦。唐代以詩賦取士，應試時，舉子要完成一篇五言十二句的律詩和一篇有嚴格押韻要求的律賦。這篇律賦通篇歌功頌德，讚頌皇帝，典型的廟堂之作。在此我們也試引數句以見一斑：

> 石比臣心，水猶君德。誠見投而不阻，如從諫而無極。蓋所以作仁聖，思正直。清逾萬頃，能容落落之姿；操或一拳，以造沉沉之色。惟我聖後，啟乎宸聰。每以淡然之德，能取確爾之功。言乎水也，逾漢祖之虛受；稱乎石也，遇留侯之盡忠。

頗似應試之作，歌功頌德在當時是理所當然的事情。本篇歌頌皇帝從諫如流，以石投水比喻，頗為新奇，匪夷所思。又將君臣比作劉邦與張良的關係，可謂巧於用事。

他是一位有濃鬱理性色彩的士人，所撰文章多為論說之辭，往往從倫理天常的角度來考慮尋常事物，頗有後人所謂上綱上線的做法。即如他所作《閬城君廟記》，本來是一篇城隍廟記，文章先以大段文字論述天地神物，聖人陰陽變化、燮理變化之道：

> 天地之元精，升降變化因時而發者，惟聖人焉，惟神物焉。聖人理陽，神物理乎陰，故能靈浹乎寰區，功濟乎動

植。

而後寫本城城隍的來歷，是一篇頗為精彩的文章：

> 昔者秦毒天下，神鬼乏主，英精怪質，潛躍失次。故龍
> 遁乎漲海之涯，托乎嫠姥之室。鱗鬣未生，風雨如晦。姥既
> 耽之在手，覆之以衣。一夕威靈欲震，雷電皆至，龍遂育
> 焉。厥後姥以母、龍以子提護縈繞，如乳如嬉。或游於泉，
> 或羅於浒。姥方朝膳必薦鮮鱗，他年姥斫鱗於溪，龍遊於刃
> 下，而尾觸刮鋒。姥駭視之，則墮數尺矣。因泳去。於是盤
> 天乘風，出幽入冥，惚恍變化，潛乎乾，戰乎坤，不知其往
> 矣。姥恨其誤傷，竟不復至。

溫姥養育了龍，後來成為閩城城隍，甚有靈驗，故為百姓祀
之。這段文字，清新可喜，是極為精練的敘事文字，讓我們聯想
起《聊齋》中的故事。文末的銘文亦頗有文采，理性色彩濃鬱。

寫得最有文學情趣的文章，應為《震山岩記》：

> 宜春東郡東五里有山，望之正若冠冕，同麓而異峰，四
> 首相屬，兩仰成形，況在東方，如畫震卦，郡人名之曰「呼
> 崗」。意者亦謂其若長幼相呼，同在一處，其義不顯，予無
> 取焉。
>
> 其西北有石室，臨遊溪之涘，邑人彭先生嘗釣此岩下。
> 先生諱構雲，善黃老言。寶應中，詔以玉帛召先生，不至。

時太守命其鄉曰征君鄉，岩曰征君釣台。

　　咸通七年，予罷新安守，以俸錢易負郭二頃，在震山之西，又得楓樹之林於溪南。日與郡守高公遊其下，公名厚，衣纓之茂士也。為政嚴簡，民悉安之，咸瞻仰之。而以震山易呼崗之名白公，公喜，命刊其事於岩下。

　　予既得西林，而羅鳥罝兔，挾彈走馬於其間，亦請命其林曰盧氏弋林，以對其東彭氏釣渚也。因謂高公使郡人無得樵漁，於是林之檀欒杉檜，不日豐茂，以冠於郡。郡主帥高公因戒吏以丹書貽盧氏，使西疇之人世世掌之。時郡民相率言曰：「二刺史俱好事者，吾儕幸寓目焉。」遂以刊之。

　　是歲景戌十一月二十三日記。

　　這篇短文寫他賦閒購得山林，與在任刺史相得歡洽。又請刺史下令保護這片山林，使得林木豐茂，供郡民遊覽。文中寫了士大夫的閒適而富裕的生活，也寫了士紳之間的交往，顯然賦閒的官員和在任的官員都是特權階層，他們之間的交往，反映了當時所謂主流社會生活的一個側影。文章寫得極為簡練而富有情致，在盧氏的文章中別具一格。

　　比盧肇略晚些時候的宜春人袁皓，在當時亦有文名。袁皓，咸通進士，晚唐時曾隨唐僖宗幸蜀，擢倉部員外郎，自號碧池處士。《全唐文》存袁皓文三篇，即《吳相客記》、《齊處士言》、《書師曠廟文》。前二篇以前代興亡之事，寓說一些道理，有借古諷今的意思。在文章的寫法方面，頗似戰國諸子的文章，擬托他人之言，表達自己見解。如《齊處士言》，寫蕭道成取代劉宋

建立齊朝：

> 齊祖受宋禪，大宴卿士，顧謂丞相曰：「予不肖，幸有
> 天下，非百執事羽翼小子，共拯宋人之溺也。然予不敢易時
> 而侮器，使不下十逾載，致黃金與土同價。」朝臣稱賀，內
> 外喧歡。

當人們奔相走告，稱頌皇帝聖明之時，只有一位處士「聞而
相泣」，原因是：

> 舍虎逢狼，改時而亡，吾為宋人幸未死，果塗炭於齊
> 矣。新主之言，豈成聖人之道耶？君王知黃金貴於土，不知
> 百姓視土貴於黃金。

要做到讓百姓生活有保障，「苟欲致民於生地，不若薄民之
賦，貽民之利。知百姓貴土於金，則其民受福於齊矣。」實際
上，皇帝要做到黃金與土塊同價自然是不可能的事情，蕭道成登
基之始這樣說，本來就是不可兌現的承諾。作者提出在百姓心中
土地比黃金更重要，實際上是希望皇帝重視民生，輕徭薄賦才是
為百姓做實事，其它一些空虛的承諾並不能解決問題。今查《南
齊書》，齊太祖登基時，並未有「黃金與土同價」之言，但有下
詔禁止民間奢侈，禁用金銀裝飾的禁令。作者在文章中只是借用
異代之事來表明自己的政見，是為時之作。這種寫法，常見於戰
國諸子的文章，其實具有寓言的性質。

　　唐末南昌人來鵠是一個值得注意的散文家，現存《來公集》一卷，《全唐文》卷八一一，收其文九篇。其中長文《聖政紀頌》是歌功頌德之作，前紀後頌，紀為散文，而頌為韻文。這類文章，雖然內容不足取，但寫作頗有難度，廟堂之文，要求典雅堂皇，氣勢宏大，非大手筆難以討好。來鵠此文，格局頗為宏大，風格典雅堂皇，頗見功力。他的其它文章，主要是論說文，這些文章一部分是學術論辯性的，有些是議論性的。現錄《貓虎說》如下：

　　　　農民將有事於原野，其老曰：「遵故實，以全其秋，庶可望矣。」乃具所嗜為獸之羞，祝而迎曰：「鼠者，吾其貓乎；豕者，吾其虎乎？」其幼戚曰：「迎貓可也，迎虎可乎？豕盜於田，逐之而去，虎來無豕，餒將若何？抑又聞虎者，不可與之全物，恐其決之之怒也；不可與之生物，恐其殺之之怒也。如得其豕生而且全，其怒滋甚。射之獲之，猶畏其來，況迎之耶？噫，吾亡無日矣！」或有決於鄉先生，先生聽然而笑曰：「為鼠迎貓，為豕迎虎，皆為害乎食也，然而貪吏奪之，又迎何物焉？」由是知其不免，乃撒所嗜者，不覆議貓虎。

　　農民秋收之際，害怕田鼠和野豬，故用臘祭方法，祝禱貓和虎來保護莊稼，但虎患又有什麼辦法消除呢？即使虎患可以消除，但對於貪吏借朝廷之名豪奪卻沒有任何辦法。文章大有苛政猛於虎之意，農民無計逃避繁重的苛捐雜稅。此文可謂寓意深

刻，寫作意簡言賅。

他的《儒義說》，專論君子儒士的德行和社會責任，從中可見作者的胸懷。作者先引經據典，借用《禮記·儒行》篇和《論語》的有關論述，引出自己的結論：

> 夫士之出也，進道德，行禮樂，以治其身心；能語言，明仁義，則曰儒士。不善而為武夫，控弦荷戈，賤隸之徒也。苟修其文而不知武，烏得為君子。孔子曰：「有文事者必有武備，有武備者必有文事。」夫文所以導乎忠孝，若武所以戡乎畔逆。二事之用，以求於是而已。

儒士應該文武兼備，才能做一個忠孝之臣，才能平定叛亂。在藩鎮割據，叛亂頻繁的晚唐時代，作者顯然希望士人成為文武全才，從而成就一番君子事業。

《儉不至說》，頗有戰國縱橫家的辯士之風：

> 剪腐帛而火焚者，人聞之必遞相驚曰：「家之何處燒衣耶？」委餘食而棄地者，人見之必遞相駭曰：「家之何處棄食耶？」燒衣易驚，棄食易駭，以其衣可貴，而食可厚，不忍焚之棄之也。然而不知家有無用之人，廄有無力之馬。無用之人，服其衣與其焚也何遠？無力之馬，食其粟與其棄也何異？以是焚之，以是棄之，未嘗少有驚駭者。公孫弘為漢相，蓋布被是驚家之焚衣也，而不能驚漢武國侈奢服；晏子為齊相，豚肩不掩豆，是駭家之棄食也，而不能駭景公之廄

馬於駟。

　　文章以日常細小之事譬喻，燒腐帛之衣，棄多餘之食，本為日常細事。個人的節儉，但無助於減少國家的奢侈。漢武帝和齊景公都是奢侈之君，雖然宰相公孫弘和晏嬰都以節儉著稱，但卻絲毫改變不了君主的奢侈。文章以小喻大，以近譬遠，近似孟子文章的論辯之風，加以多用排比句式，使整篇文章顯得理直氣壯，似乎不可辯駁。

　　從來氏的論說文看，他是一位有學問有見識的文人，如《隋對女樂論》、《仲由不得配祀說》、《針子雲時說》等，都是言之有據，並且見解深刻的論說文章。比如，唐人敬仰揚雄，如韓愈甚至認為揚雄是儒家道統的重要人物，是繼孟子之後的儒家傳人。而來鵠不同意這種說法，他說：「揚子雲不思堯舜成康之世，而自論以不遭蘇張范蔡之時，豈儒者之為耶？」揚雄追慕蘇秦、張儀、范睢、蔡澤等縱橫家，自然算不上醇儒了。在《隋對女樂》中，駁斥房暉遠以「窈窕淑女」為女樂之說，亦很有見地。

第四節 ▶ 王定保《唐摭言》及五代江西散文

　　五代時期，江西先後為梁和南唐屬地，與戰亂頻仍的北方相比，相對穩定，經濟文化得到長足的發展。南唐三代君主，實行保境安民的政策。由於國力較弱，不敢與強大的北方政權爭強鬥勝，更不敢好戰尋釁，所以，以自保為主的國策，在北方混亂

時，這一政權得到喘息之機。當北方政權逐漸被北周和宋統一之後，南唐偏安一隅的期望便破滅了，中國統一的步伐自然是這一小朝廷無法阻擋的。有些論者在論述南唐滅亡原因之時，總是提到後主李煜的才情和昏庸，認為他只是一位翰林學士的材料，而不是一位明智的君主。其實在當時的背景下，即使換成他的祖父，頗具雄才大略的李昪，也逃脫不了亡國的命運。平心而論，南唐君主當時看來似乎不思進取的保守行為，可能恰是維持政權苟延殘喘的上策。南唐中主和後主都是喜愛文學的統治者，尤其是後主李煜，無疑是當時最傑出的文學家，他們對文學的喜愛和推崇，對江西文化的發展起了推動作用。就江西籍的古文家而言，最有成就的是王定保。他所撰《唐摭言》是五代時期最優秀的筆記散文。

王定保（870-954），字翊聖，洪州南昌人。自幼博學多才，強聞博記。隱居廬山十年苦讀，於唐光化三年（900）年考取進士。後任容管（今廣西容縣）巡官。唐末之亂，避難廣州，受從叔王煥引薦，入節度使劉隱幕府。乾亨元年（917），劉隱弟劉龑繼位，建立南漢國，定保便在南漢國任職，歷任顯要，官至寧遠節度使，中書侍郎同平章事，可謂出將入相了。王定保事蹟在新、舊《五代史》中皆無傳，在《新五代史‧南漢世家》中有所記載：

　　（劉）隱父子起封州，遭世多故，數有功於嶺南，遂有南海。隱復好賢士，是時天下已亂，中朝人士以嶺南最遠，可以辟地多遊焉。唐世名臣謫死南方者，往往有子孫，或當

時仕宦遭亂不得還者，皆客嶺表。王定保、倪曙、劉浚、李衡、周傑、楊洞潛、趙光胤之徒，隱皆招禮之。定保，容管巡官……皆辟置幕府，待以賓客。……及龔僭號，為陳凶吉禮法，為國制度，略有次序，皆用此數人焉。

劉隱趁唐末之亂割據嶺南，懂得任用有才之士，王定保等人為南漢建立小朝廷立下功勞，因而得到重用。

他以畢生精力在晚年修撰成《唐摭言》，此書共十五卷，主要記載唐代科舉考試的制度及相關史實。定保官位既顯要，閱歷又豐富，交遊又極廣，因而對唐代的典章制度十分熟悉。加上他學識淵博，見聞極廣，又悉心關注和收集這方面資料，因而這部書為歷代學者所推重，被認為是研究唐代科舉制度可信的史料來源。《四庫提要》評價此書：「是書述有唐一代貢舉之制特詳，多史志所未及；其一切雜事，亦足以覘名場之風氣，驗士習之淳澆，法戒兼陳，可以為鑒；不止小說雜家，但記異聞而已也。」

《唐摭言》在體例上基本模仿《世說新語》，全書十五卷，共分一百零三門，每門都有題目，卷末附以論贊，主要是作者就某些現象發表自己的看法，進行評論，與史傳的論贊相似。只是史傳論贊多以論人，而此書主要是論事。書中出現人物眾多，但作者是以事繫人，這也頗似《世說》。此書史料價值很高，保存了許多有關唐代科舉的史實和原始資料。比如有關唐代科舉起始：

始自武德辛巳歲四月一日，勑「諸州學士，及蚤有明

經，及秀才俊士進士明於理體，為鄉里所稱者，委本縣考試。州長重複取其合格，每年十月隨物入貢。」斯我唐貢士之始也。（卷一）

唐代科舉考試始於高祖武德四年（621），以該年朝廷詔令為據，可謂確信無疑。又如關於科場的稱謂和時人對進士的看重：

進士為時所重久矣，是故俊乂實在其中。由此而出者，終身為文人，故爭名，常為時所重。其都會謂之舉場，通稱謂之秀才，投刺謂之鄉貢，得第謂之前進士，互相推敬謂之先輩，俱捷謂之同年，有司謂之座主。（卷一）

進士科始於隋大業中，盛於貞觀、永徽之際。縉紳雖位極人臣，不由進士者，終不為美。以至歲貢不減八九人，其推重謂之「白衣公卿」，又曰「一品白衫」。其艱難謂之「三十老明經，五十少進士」。其倜儻之才、變通之術，蘇張之辯說，荊聶之膽氣，仲由之武勇，子房之籌畫，弘羊之書計，方朔之詼諧，咸以是而晦之。修身慎行雖處子之不若，其有老死於文場者，亦所無恨。故有詩云：「太宗皇帝真長策，賺得英雄盡白頭。」（卷一）

這兩則文字生動記錄了唐人對進士科的重視。唐代科舉考試主要有明經和進士兩科，士子重進士，而相對輕明經。原因是進士主要試詩賦，考慮士子的學識和文采；而明經主要考儒學，考

慮士子的讀經程度。在錄取名額方面，進士又少於明經，因而考取進士便愈發不易了。作者對過度重視科舉有清醒的認識，他客觀地認為科舉的確能選拔一批俊乂之士，但是單一的價值取向過度重視進士出身，便會使許多有其它才能的人士被埋沒。「太宗皇帝」兩句詩，譏諷統治者主張科舉的意圖亦很貼切。科舉的效果及其問題，自從唐朝以來一直是個值得探討的問題，歷代不乏各種評論，王定保的評論應該說很有代表性。其實在唐代仕宦的途徑還是相當寬廣的，比如軍功入仕，或恩蔭入仕而成為高官的大有人在。在宋代之後，科舉雖然不是惟一的仕途，但其重要性超過了唐代。凡非進士出身者，很少能夠攀援高位的。

　　唐代考試沒有實行糊名制，考官能夠看到舉子的姓名和籍貫，因此幹謁請托之風盛行。當然也有一些正直官吏，不容此風漫延，卷二記載了這樣一件事：

　　　雋秀等科比皆考功主之，開元二十四年，李昂員外性剛急，不容物，以舉人皆飾名求稱，蕩主司，談毀失實，竊病之，而將革焉。集貢士與之約曰：「文之美惡，悉知之矣，考校取捨，存乎至公，如有請托於時，求聲於人者，當首落之。」既而昂外舅常與進士李權鄰居相善，乃舉權於昂。昂怒，集貢人召權庭數之。權謝曰：「人或猥知，竊聞於左右，非敢求也。」昂因曰：「觀眾君子之文信美矣，然古人云，瑜不掩瑕，忠也其有詞或不典，將與眾評之若何？」皆曰：「唯公之命。」既出，權謂眾曰：「向之言其意屬我也，吾誠不第決矣。又何藉焉？」乃陰求昂瑕，以待

之異日。昂果斥權章句之疵，以辱之。權拱手前曰：「夫禮尚往來，來而不往非禮也。鄙文不臧，既得而聞矣。而執事昔有雅什，嘗聞於道路。愚將切磋可乎？」昂怒而嘻笑曰：「有何不可。」權曰：「『耳臨清渭洗，心向白雲閑，』豈執事之詞乎？」昂曰然。權曰：「昔唐堯衰耄，厭倦天下，將禪於許由。由惡聞，故洗耳。今天子春秋鼎盛，不揖讓於足下，而洗耳何哉？」昂聞惶駭蹶起，不知所酬。乃訴於執政，謂權風狂不遜，遂下權吏。初，昂強愎不受囑請，及是，有請求者莫不允從。由是廷議以省郎，位輕不足以臨多士，乃詔禮部侍郎專之矣。

開元年間，最初由考功員外郎擔任朝廷主考官。李昂任員外郎主持省試，有感於世風不正，所謂「飾名求稱，搖盪主司」，真是切中時弊。他試圖革除這一現象，明確告示眾舉子：「如有請托於時，求聲於人者，當首落之。」話說得斬釘截鐵。有趣的是，不多時，他的舅舅便舉薦李權。主考官生氣了，自然後果很嚴重。但李權卻非省油的燈，他暗中搜尋證據，期望絕地反擊。李權將「耳臨清渭洗，心向白雲閑」二句詩牽強附會，深文周納。簡直就是說李昂大逆不道，有不臣之心。所以李昂惶恐不安，無以言對。好在當時的宰臣不糊塗，反而黜退了無限上綱的李權。這件事導致了兩個結果，一是朝廷覺得員外郎畢竟位輕品低，不足以臨多士，換成了位高權重的禮部侍郎，從此成為定制；二是李昂受此驚嚇之後再也不敢拒絕請托者了。

士大夫之間因為科舉之事產生矛盾，乃至勢不兩立者，大有

人在。卷二《恚憤》：

太和初，李相回任京兆府參軍，主試不送魏相公謩，深銜之。會昌中回為刑部侍郎謩為禦史中丞，嘗與次對，官三數人候對於合門。曰：「某頃歲府解，蒙明公不送，何幸今日同集於此。」回應聲答曰：「經如今也不送。」謩為之色變，益懷憤恚。後回謫牧建州，謩大拜，回有啟狀，謩悉不納。既而，回怒一衙官，決杖勒停。建州衙官能庇徭役求隸籍者，所費不下數十萬。其人切恨停廢，後因亡命至京師，接時相訴冤，諸相皆不問。亭午，憩於槐陰，顏色憔悴，傍人察其有私，詰之。其人具述本意。於是誨之曰：「建陽相公素與中書相公有隙，子盍詣之？」言訖，魏公導騎自中書而下，其人常懷文狀即如所誨，望塵而拜。導從問，對曰：「建州百姓訴冤。」公聞之，倒持麈尾敲上呼簜子門，令止。及覽狀所論事二十餘件，第一件取同姓之女入宅。於是，魏相極力鍛成大獄。時李相已量移鄧州刺史，行次九江，遇禦史鞫，卻回建陽，竟坐貶撫州司馬，終於貶所。

李回任京兆尹考官時，沒有解送魏謩參加省試，這已經令魏氏心懷不滿。當他們為同僚時，魏謩自以為得計，心裡說，當年你有眼不識泰山，如今我也與你同僚，身居高位了。「何幸今日同集於此」，此言很是得意，同時對李又委婉地表示了不滿之情。誰知李回並不買帳，當眾人之面，依然如故。確實當面羞辱了一番魏謩。魏自然恚憤至極，逮住機會就會出一口惡氣。世事

變遷，難以逆料，李回被罷相，外放為建州刺史，而魏暮拜相。又借助宦官之手，徹底扳倒李回。這段文字，敘事簡練，脈絡清晰。官場變遷，世態炎涼，令人回味不已。

書中涉及的人物眾多，大多為科場中的士大夫，其中有些十分著名的文學家，如李白杜甫韓愈白居易等。如：

> 白樂天典杭州，江東進士多奔杭。取解時，張佑自負詩名，以首冠為己任。既而，徐凝後至，會郡中有宴，樂天諷二子矛盾。佑曰：「僕為解元宜矣。」凝曰：「君有何佳句？」佑曰：「《甘露寺》詩有『日月光先到，山河勢盡來。』又《金山寺》詩有『樹影中流見，鐘聲兩岸聞。』」凝曰：「善則善矣，奈無野人句云：千古長如白練飛，一條界破青山色」，佑愕然不對，於是一座盡傾，凝奪之矣。

白居易有大名於世，主政杭州時，當地舉子多來投奔。唐人重詩賦，有詩名者，往往受到士人稱譽，尤其得到著名文人的稱譽，對其科舉中試，有極大便利。文人雅集時，吟詩作賦，常有逞才使氣之意。白居易測試張、徐二人，其目的也是考慮二人的詩才。徐凝詩才更勝一籌，居然奪得解元，這在宋以後的時代是不可能的。可見名人的延譽對仕途的順達有重要的意義。唐人干謁風氣盛行，雅集賽詩風氣盛行，於此可見一斑。

科舉考試素重狀元，狀元及第十分榮耀。卷四記載：

> 盧肇，袁州宜春人，與同郡黃頗齊名。頗富於產，肇幼

貧乏，與頗赴舉同日遵路。郡牧於離亭餞頗而已，時樂作酒酣。肇策蹇郵亭側而過，出郭十餘里駐程，俟頗為侶。明年肇狀元及第而歸，刺史以下接之大慚恚。會延肇看競渡，於席上賦詩曰：「向道是龍剛不信，果然銜得錦標歸。」

這則小故事頗有戲劇性。黃頗富有家產，赴舉時受到郡守的熱情餞別。而家境貧寒的盧肇只能從郵亭的旁邊悄然前行，在十里之外等待酒足飯飽的黃頗一起上路。結果盧肇高中狀元，輪到地方長官尷尬了。躊躇滿志的狀元郎衣錦還鄉，眼見龍舟競渡，不免觸景生情，吟誦「果然銜得錦標歸」，既興高采烈又語帶譏諷。如果他只是普通的中第進士，肯定不會如此張狂，而郡守亦不至於感到慚愧。

卷四《操行》，記載中唐重臣裴度的一件軼事：

裴晉公質狀眇小，相不入貴，既屢屈名場，頗亦自惑。會有相者在洛中大為搢紳所神。公時造之，問命相者，曰：「郎君形神稍異於人，不入相書。若不至貴，即當餓死。然今則殊未見貴處，可別日垂訪，勿以蔬糲相鄙。候旬日，為郎君細看。」公然之，凡數往矣，無何，阻朝客在彼。因退遊香山佛寺，徘徊廊廡之下，忽有一素衣婦人致一緹褶於僧伽和尚欄楯之上，祈祝良久，複取荂擲之，叩頭瞻拜而去。少頃，度方見其所致，意彼遺忘，既不可追，必料其再至，因為收取，躊躇至暮，婦人竟不至。度不得已，攜之歸所止。詰旦，複攜至彼，時寺門始開，俄睹向者素衣疾趨而

至，逡巡撫膺惋歎，若有非橫。度從而訊之，婦人曰：「新婦阿父無罪被繫，昨告人假得玉帶二、犀帶一，直千餘緡，以遺津要，不幸遺失於此，今老父不測之禍，無所逃矣。」度憮然，復細詰其物色，因而授之。婦人拜泣請留其一，度不顧而去。尋詣相者，相者審度顏色頓異，大言曰：「此必有陰德及物，此後前途萬里，非某所知也。」再三詰之，度遂以此言之相者，曰：「只此便是陰功矣，他日無相忘，勉旃勉旃！」度果位極人臣。

這是一則有名的故事，為後世擬話本小說經常引述。因果報應，本是佛教訓誡人們行善。好人好報，這也是人們普遍的良好願望。裴度因為不貪錢財，積了陰德，最終從科場失意到位極人臣。作者以「操行」為題，顯然是讚頌這種拾金不昧行為，這裡表現出王定保的價值取向，為人誠實，不貪小利，是優秀的品格。

在卷四《氣義》中，記載了初唐名臣郭元振的事蹟：

　　郭代公（元振）年十六入太學，與薛稷、趙彥昭為友。時有家信至，寄錢四十萬，以為學糧。忽有一縗服者扣門云：「五代未葬，各在一方，今欲同時舉大事，乏於資財，聞公家信至，頗能相濟否？」公即命以車一時載去，略無存者，亦不問姓氏，深為趙、薛所誚。元振怡然曰：「濟彼大事，亦何誚焉？」其年為糧食斷絕，竟不成舉。

史載郭元振為人極為豪爽倜儻，不拘小節。一位素昧平生之人，向他要去四十萬錢，而且不問人的姓氏，致使自己一年糧食斷絕，並且無法參加科舉考試，這是何等的豪爽！薛、趙二人以常人之理，自然要譏誚這位看來少不更事的紈絝子弟。而他覺得幫助他人埋葬五代親屬，這筆錢用得有價值，所以他不明白兩位朋友為何會譏誚自己。這裡我們還可以看到郭元振的可愛和單純，他相信別人，甚至有點輕信，即使素昧平生之人，同樣不懷疑別人的動機；他輕財好施，甚至不顧自己的生計，看來有點冤大頭，但他毫不後悔。當然，郭元振並非傻子，家中雖然廣有家產，一擲千金，但他絕非紈絝子弟。他後來出將入相，成為一代名臣，只能說明他胸懷寬廣，不拘小節，不以錢財為意，所以能成大事。

書中主要寫士大夫的事蹟，其中有許多著名文人的軼聞趣事，可以成為文學史的生動資料。如：

王勃著《滕王閣序》時年十四，都督閻公不之信。勃雖在座，而閻公意屬子婿孟學士者，為之已宿構矣。及以紙筆延讓賓客，勃不辭讓，公大怒，拂衣而起，專令人伺其下筆。第一報云：「南昌故郡，洪都新府。」公曰：「亦是老生常談。」又報云：「星分翼軫，地接衡廬。」公聞之沉吟不言。又云：「落霞與孤鶩齊飛，秋水共長天一色。」公矍然而起，曰：「此真天才，當垂不朽矣。」遂亟請宴所，極歡而罷。（卷五）

李賀，字長吉，唐諸王孫也。父晉肅，邊上從事，賀年

七歲，以長短之制名動京華。時韓文公與皇甫湜覽賀所業，奇之而未知其人，因相謂曰：「若是古人，吾曹不知者，若是今人，豈有不知之理。」會有以晉肅行止言者，二公因連騎造門，請見其子，既而總角荷衣而出。二公不之信，因面試一篇。承命欣然，操觚染翰，旁若無人，仍目曰《高軒過》……。二公大驚，以所乘馬，命聯鑣而還，所居親為束髮。年未弱冠，丁內艱。他日舉進士，或謗賀不避家諱。文公特著《辨諱》一篇，不幸未登，壯室而卒。（卷十）

　　王勃和李賀都是文學史上早夭的天才文學家，年紀輕輕就早有文名，不幸的是二人又早早夭折，猶如天際閃過的璀璨流星，雖然短暫，但卻光彩奪目。上述兩則故事，最早見於《唐摭言》，作者寫來頗具戲劇色彩。閻公是洪州的最高長官，韓愈和皇甫湜是當時大名鼎鼎的文壇名家，要麼有地位，要麼有名氣，起先頗有看不起兩位未成年人的意味，當面一試，立即被他們的傑出才華所傾倒。這生動體現了唐人重視文采的社會風尚，如果沒有這樣的風尚，閻、韓諸人絕不會如此禮賢下士。書中涉及的《滕王閣序》、《辨諱》、《高軒過》都是唐代有名的文學作品，這對後人理解作品，知人論世都是珍貴的史料。值得一提的是，王勃和李賀命乖運舛，仕途坎坷，文采和名氣似乎沒有改變他們的命運。閻、韓諸人並非認定他們將來在仕途上有光明的前途，所以竭力推崇，而是真正地讚賞他們的才華，僅此而已。
　　也有未第士人的心酸，卷八記載一則一位元名叫公乘億的舉子的悲慘遭遇：

公乘億，魏人也，以辭賦著名。咸通十三年，垂三十舉矣。嘗大病，鄉人誤傳已死，其妻自河北來迎喪。會億送客至坡下，遇其妻。始夫妻闊別積十餘歲，億時在馬上見一婦人，粗衰跨驢，依稀與妻類，因睨之不已。妻亦如是，乃令人詰之，果億也。億與之相持而泣，路人皆異之。

這段文字令人噓唏浩歎，很容易聯想起《儒林外史》中敘寫未能中舉的老童生的悲慘境遇，想起范進中舉的那種悲喜劇。在科舉時代能夠考取進士、考上舉人的士子，是這一制度的幸運兒。多少失意文人為了追逐功名，皓首窮經，老死燈前。這個時代的單一價值取向，使得「萬般皆下品，惟有讀書高」的觀念深入人心。為什麼「惟有讀書高」，其實就是惟有當官高。現實的殘酷性在於，讀書能做官，在科舉時代幾乎是做官的惟一通途，但真正能做官的人機率很低，據唐宋的統計，唐代中進士的比例大約占應考舉子的百分之二到三。由此可見，大多數士人必然窮困潦倒，成為官僚制度寶塔的巨大底座。像公乘億如此境遇的人，觸目即是。作者運用文學的筆法，使這一故事十分富有典型性。一位參加科考三十餘次的老舉子，十餘年沒有回過家，妻子誤以為他已不在人間，卻邂逅而遇，於是相持而泣，此情此景，能不令人酸楚！類似的故事還有：

劉虛白與太平裴公蚤同硯席，及公主文，虛白猶是舉子。試雜文日，簾前獻一句曰：「二十年前此夜中，一般燈燭一般風，不知歲月能多少，猶著麻衣待至公。」（卷五《與

恩地舊交》）

　　詩是好詩，透著些許幽默感，其中卻是人生境遇中的幾多悲涼慘愴。本是同窗好友，由於一人科場得意，一人科場失意，命運列車駛向了兩條迥然不同的軌道，得意者出將入相，而失意者沉淪下僚，這在官本位的社會不啻天壤之別。作者在唐末登進士科，在動亂時代，仍可身居高位，但他對那些孜孜以求而又科場失意的士人富有同情心。

　　從全書的門類來看，作者對史料的選取是有標準的，其價值取向在選材中得到全面的體現。尤其通過各卷的「論曰」，作者的評論是有是非判斷的，主觀傾向性比較明顯。今天評價這種傾向，自然還有許多可議的地方，但是如果不苛求古人的話，王定保無疑是一位具有正義感的士大夫。他讚頌光明事物，推崇高尚，重視名譽，如正直、公正、才華、忠誠、豪爽等。對於官場中的黑暗，如勾心鬥角，相互傾軋等則表示厭惡，予以斥責。

　　且以卷三末的「論曰」以見一斑：

　　　論曰：科第之設，沿革多矣。文皇帝撥亂反正，特盛科名，志在牢籠英彥。邇來林棲穀隱，櫛比鱗差。美給華資，非第勿處；雄藩劇郡，非第勿居；斯乃名實相符，亨達自任。得以惟聖作則，為官擇人，有其才者，靡捐於甕牖繩樞。無其才者，詎系于王孫公子。莫不理推畫一，時契大同，垂三百，年擢士眾矣。然此科近代所美，知其美之所美者，在乎端己直躬，守而勿失。昧其美之所美者，在乎貪名

巧宦，得之為榮。噫！大聖設科以廣其教，奈何昧道由徑，未旋踵而身名俱泯，又何科第之庇乎？矧諸尋芳逐勝，結友定交，競車服之鮮華，騁杯盤之意氣，沽激價譽，比周行藏，始膠漆於群強，終短長於逐末。乃知得失之道，坦然明白。邱明所謂「求名而亡，欲蓋而彰。」苟有其實，又何科第之闕歟？

這段文字頗有太史公之筆法，對於太宗皇帝推崇科舉的苦心孤詣可謂深有體會，士人重科舉，重進士科，於此亦可見一斑。對於科舉選拔人才的作用以及成為貪圖功名之徒進身階梯的負面性，作者有清醒的認識。這裡作者顯然借鑒了史傳散文論贊的傳統，對歷史事件和人物事蹟予以評論，如《史記》中的「太史公曰」，《漢書》中的「贊曰」，都是通過作者對歷史人物或事件的評論表現了作者的主觀傾向。這些評論都是精心結撰的文章，在書中大有畫龍點睛的意義。史傳散文中的論贊一定是全書中文字最講究之處，《唐摭言》的論曰，也是作者最精彩的地方。

在五代時期，在南唐任職的宋齊邱是值得注意的散文家。宋齊邱（?-958），字子嵩，盧陵（今江西吉安）人，五代文學家，初仕吳，官至右僕射平章事，後結識大將徐知誥，成為徐知誥的謀主，深得知誥信任。楊吳大和三年（931），知誥楊姓執掌吳國大權，成為吳國的實際統治者，齊邱拜相。南唐升元元年（937），徐知誥稱帝，國號南唐，復姓李氏，名李昪，是為南唐先主。宋齊邱受到知誥信任，輔佐先主，南唐經濟得到迅速發展，國力日益增強。中主李璟時，官至太傅中書令，封魏國公，

賜號國老，可謂位極人臣。然而，中主其實非常忌憚齊邱，後以圖謀不軌，押送青陽安置，死於貶所，諡醜繆。宋齊邱的著作，《四庫全書》存二種，《玉管照神局》三卷。《提要》稱這部書：「齊邱生五季俶擾之世，以權譎自喜，尤好術數，凡挾象緯青烏姑布壬遁之術居門下者，常數十輩，皆厚以資之。是書專論相術，疑即出其門下客所撰集，而假齊邱名以行世者也。」此書列於子部術數類，是一部相術之書。又有《化書》六卷，此書舊題《齊邱子》，《提要》認為此書作者為譚峭，由譚峭傳給宋齊邱，齊邱奪為己作。提要云：「書凡六篇，曰道化、術化、德化、仁化、食化、儉化。其說多本黃老道德之旨，文筆亦簡勁奧質。」《全唐文》卷八七〇收錄宋氏文章共四篇，《諫不朝群臣疏》、《投姚洞天書》、《齊邱子自序》、《仰山光湧長老塔銘》，其中《投姚洞天書》可能是一殘篇，文不長，茲錄於下：

> 某學武無成，攻文失志，歲華蹭蹬，身事蹉跎。胸中之萬仞青山，壓低氣宇；頭上之一輪紅日，燒盡風雲。加以天步陵遲，皇綱廢絕，四海淵黑，中原血紅。挹飛蒼走黃之辯，有出鬼沒神之機。

這可能是作者年少未仕之作，蹭蹬蹉跎，自是失意之時，加之「天步陵遲，皇綱廢絕」，於國於己，皆前程無望。但是作者仍然十分自信，自詡胸有萬仞青山，頭頂一輪紅日，所謂「挹飛蒼走黃之辯，有出鬼沒神之機」，頗有幾分術士之風。這篇文章雖有殘佚，但本身寫得很有氣勢，又是精美的駢文，對偶工穩，

富有文采。

《齊邱子自序》是為《化書》作的序，此序是作者表白心跡的文章：

廣平宋齊邱字子嵩，性傭，讀書不知古今，然好屬意於萬物。萬物有感於心者，必冥而通之，所以或得萬物之情，或見變化之妙，遂著《化書》，以盡其道。凡六卷，百有十篇。……道不足，化之為術，術不足，化之為德，德不足，化之為仁，仁不足，化之為食，食不足，化之為儉。食儉二化，其物甚卑，其名甚微，其教甚大，其化甚廣。可以神道德，奮仁義，厚禮樂，誠忠信。噫！不知萬物之化小人也，不知小人之化萬物也。又不知小人之化《化書》也，不知《化書》之化小人也。化之道如此，是時大吳大和庚寅歲序。

大和為吳王楊溥的年號，庚寅為大和二年（930）。文章內容都是道家雜糅儒家的說教，作者以達人自居，「萬物有感於心，必冥而通之」，說這樣的話的人要麼是躊躇滿志，要麼是過於自信。宋齊邱其時，正是官位漸顯之時，躊躇滿志和過於自信正是當時的心態。道家以化為很高的境界，達到化境自然是悟道的表現。

宋齊邱還存一篇奏章《諫不朝群臣疏》：

臣事先朝迨三十年，每論議之際，常恐朝廷百官之中，

有忠赤苦口之人壅蔽不得達其意懇。今始即位，而不與群臣相見，是陛下偏專獨任，自聖特賢而已。是以古之帝王一人不能獨聞，假天下耳以聽；一人不能獨明，假天下目以視。故無遠邇，群情世態不必親見躬聞，而可得知之，蓋能延接疏越，異方之人未嘗隔絕也。今深居遼處，而欲聞民間疾瘼艱苦，是猶惡陰而入乎隧道也。然臣老矣，墓木亦既拱矣，桑榆之景而可待以旦乎！

本文篇幅之短在奏章中是稀見的，疏表奏章往往是臣子在皇帝面前極力表現才華和學識的機會，大臣們十分重視，所以歷代名作甚多，如李斯《論逐客疏》、賈誼《過秦論》、晁錯《論貴粟疏》、諸葛亮前後《出師表》、韓愈《諫佛骨表》等都是文學史上的優秀作品，篇幅也比本篇長得多。有可能本篇有所殘缺，但其內容還是很完整的。這裡的「先朝」有可能是指吳國，那麼這位皇帝就是李昪了，當然「先朝」亦有先帝之意，那麼皇帝就是中主李璟了。「三十年」在這裡，也都通，因為宋齊邱早年即事徐知誥，有三十多年的時間。文章勸諫皇帝朝見群臣，吸納群臣智慧，發揮眾人才幹，不可專斷獨行。末尾以其年老力衰，行將就木，勸諫出於一片赤誠之心，沒有個人得失考慮，可謂拳拳之心，天日可鑒。從這裡我們可以看到宋齊邱對朝廷還是忠心耿耿的，希望君主從諫如流，有所作為。文章雖短，但意思表達還是非常完整的，表現了奏章中特有的典雅風格。

第二篇——

兩宋江西古文

緒論

宋代是繼唐之後的統一王朝，也是繼唐之後文化繁榮、學術昌明的時代。趙宋王朝歷代帝王都實行崇文政策，獎掖文士，建立較完善的科舉制度和較完備的文官制度，士大夫具有很高的社會地位。《宋史》卷四三九《文苑傳》言：

> 自古創業垂統之君，即其一時之好尚，而一代之規模可以豫知矣。藝祖革命，首用文吏而奪武臣之權，宋之尚文，端本乎此。太宗、真宗其在藩邸，已有好學之名，作其即位，彌文日增。自時厥後，子孫相承。上之為人君者，無不典學；下之為人臣者，自宰相以至令錄，無不擢科，海內文士，彬彬輩出焉。

皇帝崇尚文治，好學喜文，必然帶動整個士大夫階層上行下效，尚文風氣盛行。兩宋時期出現了許多大學者和大文學家，有些甚至是全能學者，如歐陽脩經學方面有《詩本義》、《易童子問》這樣具有開創性的著作，在目錄學方面他是當時國家圖書館《崇文總目》的主要編纂人，金石學方面有《金石錄》。他是北宋史學大家，現存二十四史中，《新五代史》為其獨撰，《新唐書》是他與宋祁合作主修。他還是當時文壇領袖和宗主，其文學成就僅次於他的學生蘇軾，無論詩詞散文都是文學史上一流作家，尤其是歐陽脩的散文，影響很大。

科舉制度在宋代進一步完善，朝廷禮遇士子超過唐代。名臣

范鎮在《東齋記事》卷一說：

> 禮部貢院試進士日，設香案於階前，主司與舉人對拜，
> 此唐故事也。所坐設位供帳甚盛，有司具茶湯飲漿。至試學
> 究，則悉撤帳幕、氈席之類，亦無茶湯，渴則飲硯水，人人
> 皆黔其吻。非故欲困之，乃防氈幕及供應人私傳所試以義。
> 蓋嘗有敗者，故事為之防。歐陽文忠公有詩：「焚香禮進
> 士，撤幕待經生」，以為禮數重輕如此，其實自有為之。

當時考試與唐代一樣有進士科和明經科（亦稱學究），進士
科重在試詩賦和策論，為士人和朝廷所重。主司對進士和明經的
舉子的禮遇完全不同。宋代在科舉考試方面在唐代基礎上進行了
一系列改革，首先實行了殿試制度，一是表明皇帝對士子的重視
和禮遇，二是為了公平，防止考試官員營私舞弊。開寶八年，宋
太祖在主持殿試之後，曾對大臣說：

> 向者登科名級，多為勢家所取，致塞孤寒之路，甚無謂
> 也。今朕親臨試，以可否進退，盡革疇昔之弊矣。

可見皇帝臨試在於儘量保證科舉考試的公平，使那些寒門出
身的有才之士不至於被埋沒。其次，在考試方法上採取重大措
施，即實行糊名制和謄錄制，有效限制了考官徇情取捨，從制度
上保證寒門士子與豪門貴族子弟在同一起跑線競爭。《文獻通考》
卷二九《選舉志》二專論唐代科舉制度的不完善帶來的風氣淪

喪：

> 風俗之弊，至唐極矣。王公大人，巍然於上，以先達自
> 居，不復求士。天下之士什什伍伍，戴破帽，騎寒驢，未到
> 門百步。輒下馬奉幣刺再拜以謁於典事者，投其所為之文，
> 名之曰求知己。如是而不問，則再如前者，名之曰溫卷。如
> 是而又不問，則有執贄於馬前自贊曰某人上謁者。嗟呼！風
> 俗之敝，至此極矣，此不獨為士者可鄙，其時之治亂蓋可知
> 矣。

唐人考試要干謁權門，得到權貴的賞識和推薦，考中進士的
可能性就大增。原因在於唐代的考試不糊名，舉子的姓名、籍貫
都明明白白地寫在卷子上，自然權貴顯宦子弟考中的機會較比寒
門人士要大得多。這樣一來，科舉考試很難做到公平，還有干
謁、溫卷之風敗壞了士林風氣，的確是斯文掃地，士人尊嚴因此
完全喪失殆盡。宋代的改革嚴肅了考試過程，門閥士族才真正消
亡。按照錢穆先生的說法：「一到宋代以下，中國社會上再沒有
貴族存在了。新的平民學者再起，這即是宋代的新儒家。」（《中
國文化史導論》）

宋代大規模擴大進士錄取名額，唐代進士及第者，每次人數
不過二三十人，宋朝時所取名額達二三百人之多，最多時達到五
六百人。宋朝統治者廣泛吸收各階層士人參與政權，平民從政的
可能性大大加強。

這種崇文尊士的社會風氣，對地域文化的影響十分巨大，尤

其是對江西地域文化的發展有十分積極的作用。首先，江西作為後開發地區，文化昌盛流風所及，必然帶動這些地域的文化以較快的速度發展，與中原地區的差距日益縮小。讀書的人多了，參加進士考試的人自然也就多了起來，考中的概率自然就高了。其次，由於考試錄取機會相對公平，像江西這些非中原地區，門閥世族聚族而居的情況比較罕見，不會像唐代那樣受到冷落和不公待遇。唐代進士名額的比例，中原地區的舉子處於壓倒性優勢，在宋代這種情況不復存在。北宋時期中葉，南方士人在科舉考試方面的能力開始充分顯示出來，逐漸超過北方士人。兩宋期間，蘇、浙、贛、川這些地區的科舉考試穩居全國前列，將中原各省甩在後面。再次，普通士人通過科舉考試走上仕途，其機會相對公平，從官僚機構的金字塔底層通往尖塔的可能性大增，士大夫的結構亦發生了巨大變化。宋真宗時，臨江軍新喻（今江西新餘）人王欽若拜相，這是宋代最早一位由南方人為相的。據統計，兩宋期間一三六位宰相中，江西籍有十二人，約占百分之九點五。科舉考試興盛加上高官顯達眾多必然帶動地方文化高度發展。

宋代學校教育規模宏大，朝廷及各級官員皆重興學。天聖五年，樞密副使晏殊因得罪太后貶官知應天府，「殊至應天，乃大興學，范仲淹方居母喪，殊延以教諸生。自五代以來，天下學廢；興，自殊始。」（《續資治通鑑卷長編》一〇五）這是地方官興學的最早記載。名臣范仲淹在出任地方官時，所到之處，皆有興學的記載。皇帝也屢次下詔辦學，如仁宗慶曆四年（1044），下詔云：「今朕建學興善，以尊子大夫之行；更制革弊，以盡學

者之才。有司其務嚴訓導、精察舉，以稱朕意。學者其進德修業，無失其時。其令州若縣皆立學，本道使者選部屬官為教授，員不足，取於里宿學有道業者。」（《宋史》卷一五七《選舉》三）皇帝的重視自然會產生非同尋常的反響，歐陽脩在形容慶曆四年以後辦學情況云：「詔天下皆立學，置學官之員。然後海隅徼塞四方萬里之外，莫不皆有學。」（《歐陽脩全集·居士集》卷三九《吉州學記》）這種辦學規模，也是空前未有的。原先規定只有官員貴族子弟才能入學的太學，也開始招收學業優秀的平民子弟。《宋史·選舉志》三云：

> 凡學皆隸國子監。國子生，以京朝七品以上子孫為之，初無定員，後以二百人為額。太學生，以八品以下子弟若庶人之俊異者為之。

這種大規模地興學辦教的舉措，又兼之有教無類的政策的施行，對士人學養的提高無疑起了很大的作用，即使出身較為貧寒的士子也有機會獲得良好的教育，這一方面使他們有可能通過讀書精修舉業，參加科舉考試進入仕途，另一方面也使全社會的知識水準大幅度提高。兩宋時，江西的學校十分發達，書院數量居全國第一，像廬山的白鹿洞書院、鉛山的鵝湖書院都十分有名，吸引一大批著名學者來講學，如周敦頤、朱熹、呂祖謙、陸九淵等理學大師長期在江西講學授徒，使江西成為宋代理學發展的重陣，這又吸引了大批優秀的士人來學習。

科舉的興盛及學校的發達，大大促進了江西士人文化的發

展。宋代重視策論，必然使士人重視散文創作。江西宋代古文的水準之高，在當時各地區處於領先水準，難有可比者。唐宋八大家，江西占其三，歐陽脩、曾鞏、王安石的古文創作，在正統的文化價值體系中，無疑是一流的作者，在當時以及對後世都有重大影響。在北宋時期，只有蘇氏三父子的名聲和影響可以與此三家並論。在歷代文人的心目中，宋六家的成就，蘇軾為第一，依次排來是歐陽脩、王安石、曾鞏、蘇轍、蘇洵。除三家之外，北宋時期的李覯、劉敞、劉攽兄弟、「臨江三孔」、曾鞏之弟曾布、曾肇、黃庭堅等，南宋時期的胡銓、楊萬里、汪藻、周必大、朱熹、文天祥、謝枋得等都是傑出的古文家。誠如南宋時李傳道在為楊萬里所作的諡誥中說：「竊觀國朝文章之士，特盛於江西，如歐陽文忠公、王文公、集賢殿學士劉公兄弟、中書舍人曾公兄弟，李公泰伯、劉公恕、黃公庭堅，其大者，古文經術足以名世；其餘則博學多識，見於議論、溢於詞章者，亦皆各自名家。求之他方，未有若是其眾者。」李氏僅僅列舉了北宋時期的著名作家。這些作者如群星璀璨，構成江西文壇盛極一時的輝煌景況，在當時整個中國，這些人都是主流作家，為時代的文學繁榮做出了卓越貢獻。

北宋前期古文

第一節 ▶ 王欽若、陳彭年、夏竦

　　北宋時期，文化南移，江西逐漸從邊緣化地區，進入中原文化圈內。士大夫通過科舉真正進入了官僚核心階層。江西文化真正進入全國意義上的繁榮時期，這種繁榮一直延續到明代，江西士大夫的正統文化在全國都佔有重要地位。王欽若、夏竦和陳彭年是北宋前期江西士大夫的代表人物。

　　王欽若（963-1025）字定國，臨江軍新喻（今江西新餘）人，宋太宗淳化年間擢進士甲科。在真宗、仁宗朝皆官至宰相，有宋一代南方人任宰相，自欽若始。他在宋真宗朝備受寵信，身兼使相，顯赫一時，是當時炙手可熱的權貴。他由祖父王郁撫養成人，王郁臨死時，曾告訴家人：「吾歷官逾五十年，慎於用刑，活人多矣，後必有興者，其在吾孫乎！」後來果然王欽若位極人臣。這段話刊載在《宋史》卷二百八十三《王欽若傳》中，應當有所依據。這個依據有可能出自傳主之口，考慮到王欽若可能是歷史上最迷信的宰相之一，篤信因果報應之說，特好神仙之事。他要麼牢記了祖父的預言，一旦此預言得以實現，自然就傳播開了，當然也有可能是他杜撰了這一故事，順便也表彰了祖父

的政績，當然也是說明自己的富貴由來有自，是上輩積了陰德的。史稱其「智數過人」，是一個極聰明能力很強的人，但是他的聰明過人，往往用在揣度皇帝的旨意上，所以宋真宗特別寵信他，對他可謂言聽計從。過於聰明的人有時名聲不佳，人有時犯點傻可能更會獲得他人的尊重。王欽若就是這類過於聰明的人，宋仁宗在他死後就說：「欽若久在政府，觀其所為，真奸邪也。」更有火上澆油的臣子說：「欽若與丁謂、林特、陳彭年、劉承珪，時謂之五鬼。奸邪險偽，誠如聖諭。」從此後欽若成為所謂「五鬼」之首。不幸的是，列於「五鬼」之一的陳彭年也是江西人。宋真宗除了大肆封禪祭祀之外，並非劣跡斑斑的皇帝，真宗時期宋朝經濟發展迅速，文化也很發達，是北宋一個政治清明經濟繁榮的時代。作為長期處於宰輔之位的王欽若，應該是有所貢獻的。他與楊億共同主持編撰著名的《冊府元龜》，這是一部有關古代政治的大型類書。此書的卷一帝王部的總序，是出自王欽若的手筆。

　　昔雒出書九章，聖人則之，以為世大法。其初一曰五行：一曰水、二曰火、三曰木、四曰金、五曰土。帝王之起，必承其王氣。大古之世，鴻荒樸略，不可得而詳焉。庖犧氏之王天下也，繼天之統，為百王先，實承木德，以建大號，三墳所紀，允居其首。蓋五精之運，以相生為德，木生火，火生土，土生金，金生水，水生木，乘時迭王，以昭統緒。故創業受命之主，必推本乎歷數，參考乎徵應，稽其行次，上承天統，春秋之大居正，貴其體元而建極也。前志之

論閏位，謂其非次而不當也。

共工氏任智刑以禦九域，霸而不王，雖承太昊之後，而不齒五德之序。神農氏以火承木，故為炎帝。軒轅有土德之瑞，故號黃帝。少昊以金德王，故號曰金天氏。顓頊以水德王，號曰高陽氏。帝嚳以木德王，號曰高辛氏。帝堯以火德王，號曰陶唐氏。帝舜以土德王，號曰有虞氏、繇虞氏。以上皆承運更起，應期正位，參列五辰之次，而克當統紀。至於正朔服色之改度，戎祀朝會之所尚，記籍斯逸，罕得而述焉。夏後氏受有虞之禪，是謂金德，正用建寅，其色尚黑。商湯代夏以水德王，正用建丑，其色尚白。周武以木德王，正用建子，其色尚赤。三代之際，各居一統，錯綜其數，以通其變。順三微之序，極三才之致，咸享祚長久，蓋得夫天曆之正也。

三季之衰，秦兼天下，獨推五勝，不當正統。漢祖以斷蛇之符，上係成周，是為火德。起自沛中，旗幟皆赤，至文帝時魯人公孫弘推終始之傳，謂漢承秦當用土德，土德之應黃龍當見，宜改正朔，服色尚黃。時丞相張蒼引河決金堤，以為漢當水德，以十月為正，其色外黑內赤，遂罷公孫弘之議。明年黃龍見成紀，乃用土行，改曆服色，而賈誼亦以為然。孝武正曆以正月為歲首，色尚黃，數用五。蓋以秦為水德據，漢土而克之，從所不勝，遂順黃德。劉向父子以為帝出乎震，故庖犧氏姓受木德，以母傳子，終而復始。自農軒曆唐虞三代，漢得火行，上合天統。當時雖建厥議，未克遵行。世祖中興，乃用其說。

魏氏始基，有黃星之應，又太史丞許芝言戊寅黃龍見，此受命之符最著明者也。又易運期讖，有黃氣授真人出之言。又太微中黃帝坐，嘗明赤帝坐，嘗不見以為黃家興，而赤家衰亡之漸。又熒惑失色十有餘年，蘇林董巴等又言魏之氏族，出自顓頊，與舜同祖，舜以土德承堯之火。今魏亦以土德承漢之火，於行運合於堯舜，授受之次，既而受漢禪，改元黃初。議更正朔，易服色，殊徽號，同律度量，以乘土行。以夏數為得天，即用夏正，而服色尚黃。然尚循漢正朔，弗之改也。明帝在東宮著論：以為五帝三王雖同氣共祖，祖不相襲，正朔自宜改變，以明受命之運，即位久之，從高堂隆之議，乃推三統之次，以魏得地統，遂用建丑之月為正月，服色尚青，犧牲用白，戎事乘黑首白馬，建大赤之旗，朝會建大白之旗。齊王嗣位，以夏正得天，改用建寅為正月。

晉武泰始二年，有司舉唐堯舜禹不易祚改制，至於湯武始推行數，今晉繼三皇舜禹之跡，應天受禪，宜用前代正朔服色，如虞遵唐故事。而史臣之記晉為金行，服色尚赤。後魏道武天興初，始詔有司議定行次。有司曰：國家繼黃帝之後宜為土德，有土畜之瑞，及黃星之符。遂從土德，服色尚黃，數用五，犧牲用白，行夏之正。孝文太和中下詔，以丘澤初制配尚，宜定五德相襲論有異常。帝令百辟集議，高閭以為，漢用火德，征斬蛇之符，上繼於周，棄秦之暴，越惡承善，不以世次為正。

自時厥後乃以為常，魏承漢火生土，故魏為土德，晉承

魏土生金，故晉為金德，趙承晉金生水，故趙為水德，燕承
趙水生木，故燕為木德，秦承燕木生火，故秦為火德，今魏
宜承秦為土德。李彪、崔光等以為，宜紹晉金德，不當次於
僭偽。建議各殊，稱年不定，既而穆亮等大臣共議，宜上承
晉世，定為水德。孝文下詔，特從其說。後周革命有赤雀之
祥，群臣奏議，請更正朔，定為木行，以承水德，服色尚
烏。隋文受禪次用火德，以有赤光之瑞，車服旌旗悉皆尚
赤，而帝服戎服悉皆以黃。唐氏承統盛德在土，至開元中有
請改為金德者，終報罷之。天寶中令諸衛緋色幡改為赤黃
色，以應土德。朱梁建國，如秦之暴，雖宅中夏，不當正
位。同光纘服，再承絕緒，晉承唐後，是為金德。漢氏承
晉，實當水行。周祖即位之初，有司定為木德。自伏羲氏以
木王，終始之傳，迴圈五周，至於皇朝，以炎靈受命，赤精
應讖乘火德而王，混一區夏宅土中而臨萬國，得天統之正序
矣。凡帝王部一百二十八門。

　　此文以五德終始之說，解說天道有常，改朝換代都是奉天承
命，與天道五行變化相合，並歷數自傳說中的庖棲（伏羲）氏至
宋朝，以五德王的過程。顧頡剛先生在他的著名論文《五德終始
說下的政治和歷史》中說：「五行是中國人的思想律，是中國人
對於宇宙系統的信仰，二千年來，它有極強固的勢力。」服色正
朔問題，在我們現在看來似乎有點無聊，是個偽命題，但在古代
卻是有關正統名份和天命神授的大事，絲毫馬虎不得。所以歷代
有關這類問題的論述或者爭論，層出不窮。該文列於整部《冊府

元龜》第一部，也是最重要的帝王部的最前面，其重要性可見一斑。五行的理論依據，或者說在古代經典的依據，普遍認為是《尚書》中的《甘誓》和《洪範》兩篇。古文《尚書》家認為《甘誓》是夏書，而《洪範》則是商書，這樣一來，五行學說應在夏商之前，所以《史記・曆書》云：「黃帝考定星曆，建立五行，起消息。」因此古人普遍認為五行之說在黃帝時已經成立。據梁啟超、顧頡剛諸先生考證，《甘誓》和《洪範》不是夏商時的作品，五行之說產生於黃帝時期，自然不可信。梁啟超說：「春秋戰國以前，所謂陰陽所謂五行，其語甚稀見，其義極平淡，且此二事從未嘗並為一談。諸經及孔老墨孟荀韓諸大哲皆未嘗齒及。」（《陰陽五行之來歷》）五行之說以及與此對應的五德終始之說，大約產生於秦漢之際的術士，他們將陰陽五行的學說，推及到社會政治，並與天道相聯繫，相克相生的五行理論就成了朝代更替的重要理論依據。歷代統治者認同這一理論維護了君命神授、天命所歸的的神話。王欽若這篇總序其實是這一學說簡潔的總結，由於他是朝廷重臣，而《冊府元龜》又是皇帝關注的朝廷工程，因此這種表述實際上是一種官方意見。從研究五德終始說的角度，該文無疑是一篇經典之作，至少它代表了北宋這一重要時期對這個問題的官方的表述，是頗具權威性的意見。

　　王欽若本身喜好神仙術，對道教頗有研究，《宋史》本傳說：「欽若自以深達道教，多所建明，領校道書，凡增六百餘卷。」又記載：

　　欽若嘗言「少時過圃田，夜起視天中，赤文成紫微字。

後使蜀，至襃城道中，遇異人，告以他日位至宰相。既去，視其刺字，則唐相裴度也。」及貴，遂好神仙之事，常用道家科儀建壇場以禮神，朱書「紫微」二字陳於壇上。

他鼓勵宋真宗封泰山、祀汾陰，天下爭言符瑞，與他的喜好神仙、崇尚道教有關。這篇總序將道教的五行之說，推及至政治盛衰，朝廷更替等社會現象，當然這雖然不是作者的發明，但作者篤信這種理念是沒有問題的。同時作者列舉了歷史上所謂的一些著名的符瑞現象，比如漢高祖的斬蛇起兵，魏文帝時黃龍出現等，這些現象作者亦是深信不疑。把一篇本該是以儒家政治倫理為中心的帝王部的總序，寫成了陰陽五行家的政治理念。對照王欽若的思想特徵，五行家的政治理念可能比儒家的政治倫理更讓他心嚮往之。好在宋真宗信任他，也接受了這一理念，自然也就成為官方的意見。

這篇文章具有典型的廟堂文學的特徵，中規中矩，典雅堂皇，語言極為精練簡潔，頗為大氣。敘述五德終始的過程，要言不煩，層次清晰而無枝蔓之感。感覺到作者的確屬於朝廷大手筆一類的優秀作者。王欽若的著作，除其主編《冊府元龜》之外，《四庫全書》尚存《帝皇高抬貴手》三十四卷和《翊聖保德傳》三卷。關於《帝皇高抬貴手》，《四庫總目提要》卷一三一云：

是書考宋以來史志書目皆不著錄，詳檢其文，即《冊府元龜》中帝王一部，卷首欽若序即原書之總類也。偽妄剽竊之書，本不足辨，而既有傳本，恐滋疑誤，是以存而論之

焉。

《翊聖保德傳》是一部道教著作,《四庫總目提要》卷一四七:

> 自著道書數種,此傳其一也。傳中所言翊聖真君降盩厔民張守真家,太祖太宗皆崇信之,事殊怪妄。蓋自張魯之教有三官天地之外獨有水官,而木金火土不與,故道家獨尊元武,此所謂翊聖真君,即元武也。欽若小人,借神怪之說以固寵,不足多責。

此外,《宋史》本傳尚著錄其著作八種,大多散佚。他主編的《彤管懿範》是女性文學作品總集,是供皇帝後宮嬪妃女官閱讀學習的作品,與《冊府元龜》屬於配套的類書。此書已佚,明代張之象有輯本。

與王欽若同時而官位顯赫的贛籍人士,還有著名學者陳彭年。陳彭年(961-1017),撫州南城(今屬江西)人。《宋史》卷二八七載:「彭年幼好學,母惟一子,愛之,禁其夜讀書。彭年篝燈密室,不令母知。」他十三歲即著《皇綱論》萬餘言,為當時南唐的士人所讚賞。後主李煜聞其名,召彭年入宮,使皇子與其游。南唐亡,彭年師事當時著名學者徐鉉,徐鉉是今本《說文解字》的整理者。陳彭年聲名早著,熱衷功名,但科場並非一帆風順,他在太平興國年間即開始參加進士試,直到雍熙二年(985)才中第。太宗朝,他主要在地方上任推官一類的小官。

真宗朝，始以奏章和學識賅博為朝廷所重。咸平三年，屢上疏事，逐漸引人注意，咸平四年上疏曰：

> 夫事有雖小而可以建大功，理有雖近而可以為遠計者，其事有五：一曰置諫官，二曰擇法吏，三曰簡格令，四曰省冗員，五曰行公舉。此五者，實經世之要道，致治之坦途也。

我們可以看到他不僅是個才華橫溢的文士，也是一位頗有見識的士大夫。後來的范仲淹的慶曆革新和王安石變法所要處理的焦點問題還是這一些。又在皇帝身邊修《起居注》，並參與修《冊府元龜》，甚得真宗信任。大中祥符九年（1016），拜刑部侍郎，參知政事。次年因病去世。真宗親臨祭悼，見其家居簡陋，無有長物，歎息再三，十分悲傷。為之罷朝，贈右僕射，諡號文恪，可謂十分榮耀了。本傳謂：「彭年性敏給，博聞強記，慕唐四子為文，體制繁靡。貴至通顯，奉養無異貧約。所得奉賜，惟市書籍。大中祥符間，附王欽若、丁謂，朝廷典禮，無不參預。其儀制沿革、刑名之學皆所詳練，若前世所未有，必推引依據以成就之。故時政大小，日有諮訪，應答該辯，一無凝滯，皆與真宗意諧。」可見當時在朝廷彭年即以博學和文采著稱。現在我們評價陳彭年，主要還是一位傑出的學者，他奉詔重修《大宋廣韻》，是我國語言學史的經典文獻，是研究中古音韻的重要文獻。《四庫全書總目》卷四二云：「宋景德四年，以舊偏旁差訛，傳寫漏落，又注解未備，乃命重修。大中祥符四年書成。」《四

庫全書》存彭年的著作尚有《江南別錄》一卷，此書記南唐小朝廷四代君主之事，《總目》認為：「於李氏有國時事見聞最詳，又《冊府元龜》亦彭年所預輯，其《僭偽》部中李昇一條，稱昇自云永王璘之裔，未免附會。此書但言唐之宗室，亦深得傳疑之義。以《資治通鑑》相參校，其為司馬光所採用者甚夥，固異乎傳聞影響之說也。」是一部史料價值較高的著作。還有《貢舉敘略》一卷。

陳彭年在當時文名甚盛，據《宋史》本傳記載所著文集百卷，《唐紀》四十卷，今皆不存。今錄《江南別錄》部分文字以窺一斑：

> 烈祖奉義祖以孝聞，嘗從義祖征伐，有不如意杖而逐之，及歸，拜迎門外。義祖驚曰：「爾在此邪？」烈祖泣曰：「為人子者，捨父母何適？父怒而歸，母子之常也。」義祖由是益憐惜。長善書計，性嚴明不可以非理犯。……宋齊丘者，父為江西鍾傳副使，父卒，羈旅淮南，欲上書干謁，而無紙墨，行歎道中。有娼婦遇之問曰：「少年子何不樂如此？」齊丘以情告，召歸置食，贈錢數千，因曰：「郎時至此，不遣郎有所闕也。」齊丘感之，及貴，納為正室。騎將姚洞天薦於烈祖，烈祖奇其才，與為布衣交，動靜皆與之謀。後烈祖除升州刺史，辟齊丘為判官。義祖出鎮建鄴，改烈祖為潤州。烈祖意求宣州，聞命不樂。宋齊丘曰：「今三郎政亂，敗在朝夕，京口去淮南隔一水，若有變，必先知之，是天贊也。」三郎知訓也，未幾，果有朱瑾之事。烈祖

輕舟渡江，鎮定內外，以待義祖之至。義祖以己子既弗克負荷，用烈祖猶愈於他人，因留輔政。

　　這段不長的文字，人物關係卻相當複雜。烈祖即為南唐先主李昇（徐知誥），是義祖徐溫的義子。徐溫當時執掌吳國的大權，是實際的統治者。李昇有出眾的才能，而徐溫諸子徐知訓、徐知詢皆不肖。徐溫其實相當矛盾，他不希望由知誥執政，甚至有大臣勸他翦除知誥，但知誥較比幾個親生兒子，更有才能，常能建功，而又孝順，實在不忍心加害。知誥的地位岌岌可危，自己也心知肚明。於是為人低調，極力奉迎徐溫，以免遭來殺身之禍。第一件事，即記他「以孝聞」，其實是很無奈，這也暗喻了知誥善於隱忍，故能成大事。第二件事，是寫知誥與宋齊丘交往的過程。齊丘是知誥的心腹謀士，知誥將其從落難的潦倒士子推為自己的謀主，說明他知人善任，這是古代君主的最重要的素質。第三件事，既說明宋齊丘頗富智謀，預料徐知訓必敗，除掉了與知誥爭寵的勁敵，也顯示知誥聽從勸諫、具有從諫如流的品格。作者對事件來龍去脈交待得很清楚，人物的性格也描述得很鮮明，這一複雜的事情用簡潔的語言表述得明晰而有文采，是一件不容易的事。

　　錢詔又圍潤州。兵初興，議者以京口要害，當得良將侍衛。庙虞候劉澄舊事藩邸，後主尤親任之，乃擢為潤州留後。臨行謂曰：「卿本未合離孤，孤亦難與卿別，但此非卿不可，勉副孤心。」澄泣涕奉別，歸家盡輦金玉以往，謂人

曰：「此皆前後所賜，今國家有難，當散此以圖勛業。」後
主聞之益喜。及錢唐兵初至，營構未成，左右請出兵掩之。
時澄已懷向背，堅曰：「兵出，勝則可，不勝則立為虜矣。
救至然後圖戰。」後主又命盧絳為援，絳至，錢唐兵少退。
絳方入，城圍又合矣。固守累月，自相猜忌。初絳怒一裨
將，將議殺之，未決。澄私謂曰：「盧公怒爾，爾不生矣。」
裨將泣涕請命，澄因曰：「吾有一言告爾，非徒免死，且富
貴。」因諭以降事，令先出導意。裨將曰：「奈緣某家在都
城何？」澄曰：「事急矣，當且為身謀，我家百口亦不暇顧
矣。」是夜裨將赴城而出，明日，澄遍召將卒告曰：「澄守
數旬，志不負國。事勢如此，須為生計，諸君以為何如？」
將卒皆發聲大哭，澄懼有變，亦泣曰：「澄受恩固深於諸
君，且有父母在都城，甯不知忠孝乎？但力不能抗耳。」於
是率將吏開門請降。

　　這段文字頗有戲劇性。劉澄是後主李煜的心腹舊將，後主在
任藩王期間，已對他寵信有加。當宋軍進攻南唐時，後主更是對
他十分倚重，以為非劉澄領兵不可，簡直是國之長城。後主送他
出征時的那番話，確實讓人動容，君恩不可謂不厚。作者然後寫
劉澄的態度和行為，用筆十分冷峻，頗有微言大義的春秋筆法。
他與後主「泣涕奉別」，出征時，將家中金銀細軟，全部裝車隨
行。並且對人說，這些財寶都是君王所賜，現在國難當頭，要散
盡錢財為國建功。多麼的冠冕堂皇，難怪這使感情用事的李煜感
到欣喜，以為自己用人得當。其實很有諷刺意義。文章繼續寫他

貽誤軍機，不敢出戰，原來在出征時他已下定決心投降。寫他投降過程，也算是處心積慮，作者寫得細緻，劉澄的語言很是生動，先是勸裨將協助他向宋軍請降，後來又勸軍中將卒投降。他強調二條，一是守城數旬，城不可守，國事日蹙，須為生計。言外之意：抵抗是沒有前途的，投降是惟一選擇。其二，我受國恩最深，且百口之家尚在都城。言外之意是我都要投降，諸君尚有何求？投降的原因還是客觀實力不濟，真可謂識時務者為俊傑。這些都是可以上得了檯面的話，是不是劉澄的心裡話，那只有天知道了。我們現在看待劉澄投降宋朝，還是順應了國家統一的潮流和趨勢，但他的虛偽和狡詐顯然是作者所抨擊和揭露的。他在出征時，早就想好了投降的主意，所以他帶走所有的財寶。這一細節足以表現他的虛偽，辜負了後主對他的眷顧和信任。劉澄的虛偽和後主的輕信，足以使南唐國毫無希望地滅亡了。作者年輕時出入南唐皇宮，甚得中主和後主的寵信，對南唐的滅亡多少有點憐惜之情，尤其對後主還是有感恩的情感在其中。有些記載具有史料價值，如：

> 元宗、後主皆妙於筆札，好求古跡，宮中圖籍萬卷，鍾王墨跡尤多。城將陷，謂所幸寶儀黃氏曰：「此皆吾寶惜，城若不守，爾可焚之，無使散逸。」及城陷，黃氏皆焚，時乙亥歲十一月也。

元宗為中主李璟，李璟與其子李煜皆有文名，又喜收藏典籍精品。但可惜這些希世珍寶毀於一旦，無疑是中國圖書史的大

劫，這樣類似的事情歷史上還出現過兩次：一次是梁朝滅亡時，梁元帝下令燒毀宮中藏書；二是隋煬帝在危難之時，下令毀書。其原因與李煜毀書如出一轍。如元帝自以為博學多才，讀盡天下之書，且又勤勉政事，但終將國破身亡，書又有何用，不如毀掉。

陳彭年也被後人說成奸臣一類，從《宋史》本傳來看，似乎有點冤枉。比如，他非常清廉，多年任高官，臨死時家中除了大量圖書外，家無長物，非常簡陋；又比如，他因博學、精諳政事，成為皇帝身邊常任顧問，而且又勤勉政務。他入閣為參知政事，「及升內閣，李宗諤、楊億皆在後。宗諤卒，億病退，而彭年專任矣。事務既叢，形神皆耗，遂舉止失措，顛倒冠服，家人有不記其名者」，不久因積勞成疾而辭世。他身居高位，權重一時，如此簡樸清廉，這種形象似乎與奸臣格格不入。

夏竦（985-1051），江州德安（今屬江西）人，字子喬。其父夏承皓曾任右侍禁，在與契丹的遭遇戰中，力戰而歿。夏竦因父蔭錄為丹陽縣主簿，正式進入仕途。《宋史》本傳稱：「竦資性明敏好學，自經史、百家、陰陽、律曆，外至佛老之書，無不通曉。為文章，典雅藻麗。」後來受到宰相王旦的器重，被推薦為國史編修官，仁宗初又知制誥，這是都是朝廷中文學之臣擔任的要職。後又與宰相王欽若相善，天聖五年（1027）任樞密副使，七年參知政事。後又與宰相呂夷簡不合，出朝為州府長官。寶元初，入朝為三司使，掌管國家的財政事務。後又出任判永興軍兼陝西馬步軍都總管、招討使，負責防禦西夏，是西北軍隊的統帥。後又回朝任樞密使、拜相，病卒，贈太師，諡文莊。

夏竦博學多能，是當時著名學者，《四庫全書總目》卷四一有《古文四聲韻》五卷，館臣稱此書：「汗簡以偏旁分部，而偏旁又全用古文，不從隸體，猝不易尋。此書以韻分字，而以隸領篆，較易於檢閱，比如既有說文，而徐鍇復作篆韻譜，相輔而行，固未可廢其一也。」以清人眼光來看，此書的價值當然不足道哉，但是在當時對古文字的研究是一門高深的學問，只有一些頂尖的學者才敢涉獵。今存《文莊集》三十六卷，《四庫全書總目》卷一五二謂：「其文章則詞藻贍逸，風骨高秀，尚有燕許軌範。《歸田錄》、《青箱雜記》、《東軒筆錄》、《中山詩話》、《玉海》、《困學紀聞》諸書皆稱引之。……集中多朝廷典冊之文，蓋所長特在於是。……竦學識賅洽，百家及二氏之書，皆能通貫，故其文徵引奧博，傳寫者不得其解，往往舛訛。」《文莊集》前三十卷為文，後六卷為詩，集中只存詞一首。在三十卷文章中，前二十卷皆為與朝政有關章表奏議、對策上疏，還有他擔任知制誥時，為皇帝或朝廷寫的制文詔誥。卷二八、二九是墓誌銘和行狀等文章，其中應敕之作占了大部分，如王欽若的行狀就是奉詔之作，所以也可以說與政事相關的文章。因此看來現存夏氏文章大多與其政務相關，是典型的官僚士大夫的作品。

對於夏竦的文章，宋代著名學者宋敏求在為《文莊集》作序時寫道：「公嘗論文，以氣骨為主，詆時輩所作如繡屏焉。於書無所弗通，以至陰陽律曆隸古之學，莫不兼總，以為天下至樂無如黃卷中也。屬思深湛，構詞緻密，泚翰就簡，竄塗不已，歸於至當乃可。尤善章奏鋪賦。顛末言詳意盡，蓋會萃眾說而掇其真粹。」夏竦博學多能，寫作態度嚴謹，文風講究氣骨，符合其創

作實踐。

　　夏竦長期在朝中和地方上擔任重要職務，因而《文莊集》中，奏章疏議比重甚大。也最能體現他的散文的水準。且引其《議國用》為例：

　　　　臣聞四代而下，莫隆乎漢；漢莫盛乎文景。觀乎國用，亦以足矣。古者什一而稅。漢氏行田，或三十稅一。而錫齎勛戚，動以萬計；牛酒布帛，米肉之賜，屢至民間。是時子弟，分食租稅，罕入縣官。匈奴寇邊，諸侯連禍，兵革數起，飛挽不絕。官無鹽鐵之利，門無舟車之算，而民不告勞，國用茲豐。京師之錢，貫朽難校；太倉之粟，腐敗不食；阡陌之馬成群，守閭閻者食粱肉，其故何哉？

　　　　國家開拓疆域，幅員億萬。東南漸海，西北暨戎。內無列侯之國，歲無民間之賜。茶鹽金鐵之利，水陸關市之征。履畝而稅，榷酒而沽，即山鑄錢，臨海市舶，一歲收入，十倍漢初，而用度區區，未能豐羨，非時勢不足，抑取與之未至也。夫民樂負販，俗尚奢泰。十夫里居，遊手太半。仙釋之蠹，巫覡之耗，並兼之害，吏胥之暴，旦夕而有。故元元爭欲採山煮海，執技列肆，以邀羡美利，怠棄隴畝；未始禁之，及其俗弊，將若之何？

　　　　夫文景之世，賤商賈，通關梁，上敦儉素之化，下無佛老之弊；去肉刑，舉賢良，削父子相坐之律，除誹謗妖言之罪，耕籍田以勸農業，降惠令以開民利；減服御，損郎吏，惜百金於露臺。施瓦器於霸陵；伐馳道，填蘭池，人無禁錮

之律，馬無食粟之侈，採金銀珠玉者坐以贓盜論，故人人自樂，趨本去末，服勤稼事，百姓足矣，君孰不足？皇家休息，四海五十年間遭遇。陛下聖意淵，聖敬日躋，承二帝之基，當文景之辰。四夷拭目，仰觀太平。

伏願鑒漢興之事，隆聖宋之業。去無益，禁遊惰，擇良吏，敦稼政。儉以率下，簡以禦物。儉則用足，簡則文寬。用足則財生，財生文寬則俗阜。《春秋》之義，王者體元以居正。體元足以禦大，居正足以簡嗜欲，建大中則簡自至矣，節嗜欲則儉自至矣。仿文景之治，體《春秋》大義。孜孜為善，雖休勿休，不十年間，則國用充牣，風俗敦厚，仁義可行，法令可惜，猶將於三代相上下，豈止於漢氏之比哉？（卷一三）

這篇奏章用對比手法，將西漢文景時期國家財用的富足與當時北宋時期國家的局促作了對比。文章起首便說：「臣聞四代而下，莫隆乎漢，漢莫盛乎文景」，這是很有見地的話。古代論到君聖臣賢的理想社會，總是標榜夏商周三代，而夏氏認為後起的漢代其治國之盛況超過了三代。三代是儒家的理想社會，是後世的典範，其實是一個美好的烏托邦。漢代之盛在文景時期達到高峰，這一判斷也是符合歷史事實的。文中說文景之治，百姓賦稅極輕，而國強民富，不免有誇張之嫌，如「官無鹽鐵之利，門無舟車之算，而民不告勞，國用茲豐。京師之錢，貫朽難校；太倉之粟，腐敗不食；阡陌之馬成群，守閭閻者食粱肉」，是一個理想化的描述。從行文來說，文字十分流暢而生動，是為了加強對

比效果，引出當時國用的不足，十分切題。在描述北宋狀況時，又採取欲抑先揚的手法，「國家開拓疆域，幅員億萬。東南漸海，西北暨戎。內無列侯之國，歲無民間之賜。茶鹽金鐵之利，水陸關市之徵。履畝而稅，榷酒而沽，即山鑄錢，臨海市舶，一歲收入，十倍漢初」，這些文字亦很精彩，先寫國家收入豐富，財源甚廣，超過文景之時。即便如此，但是朝廷的用度仍然不足，百姓的生活也大不如漢。那麼為什麼會出現這樣的情況呢？作者重農輕商的意識在本文中充分體現，所謂「夫民樂負販，俗尚奢泰。十夫里居，遊手太半。仙釋之蠹，巫覡之耗，並兼之害，吏胥之暴，且夕而有。故元元爭欲採山煮海，執技列肆，以邀羡美利，怠棄隴畝；未始禁之」。歸結原因有三：一是百姓重商輕農，邀美利而棄隴畝，經商的多了，種田的少了，國用就會吃緊；二是從事勞動生產的少而遊手好閒的多，自然財富就會減少；三是兼併和賦稅繁重，國家與百姓爭利。而漢代重本輕末，國家不與百姓爭利，結果是百姓富貴，國家自然也就富貴。文中提出建議：「去無益，禁遊惰，擇良吏，敦稼政。儉以率下，簡以馭物。儉則用足，簡則文寬。用足則財生，財生文寬則俗阜」。此議頗具針對性，主張減少不事生產的閒散人口，重視農業生產，國家施行節儉方略，向漢初學習，從而天下大治。

　　我們在此暫且不評價夏竦重農輕商的策略是否可行，就文章而言，的確是一篇說理充分、文采斐然的好文章。又如《乞禦製君臣事蹟序表》，此表是作者與當時一干文臣奉詔參與修撰君臣事蹟（後定書名為《冊府元龜》），請求真宗皇帝賜序的文章：

臣某等言，臣聞《易》始備，文王作乎《繫辭》；典誥既刪，宣聖制其《書》序。矧發揮於大典，實緊賴於睿文。伏惟皇帝陛下，惟聰天縱，將聖日躋，圍範二儀，博通於機會；憲章六藝，妙達於精微。崇四術以化人，鑒百王而立制，考藏書之閣，墜簡咸收；頒勸學之言，素風大洽。頃以西清多暇，乙夜無遺，覽篆素之前編，見君臣之往躅。絲綸悉紀，懲勸罔分，浚發宸衷，誕敷聖詔。命近臣而紬繹，選多士以刊修。類聚群分，各從於軌範；彰善癉惡，永別於否臧。固懋德之洪規，實經天之至訓。臣等誤膺甄擇，俾預校讎，雖抱槧和鉛，勤於素業，而兼條總貫，稟於睿謨。至於眾議之未通，舊文之多誤，損益之非當，褒貶之失中，皆自發明，方成義例。顧屢遷於時序，將甫就於編聯，為聖代之大謨，垂千齡之彝制。竊惟序引，實總淵源。若冕之在躬，為服章之表；如繭之抽緒，聞組織之端。苟非睿辭，豈容輕議？其君臣事蹟，伏乞聖慈，特賜禦制總序加於編首，式昭下濟之輝，永播化成之教，豈獨儒林之榮觀，實為聖域之令猷。願回從欲之恩，特允至誠之請。（卷一一）

這種文章在《文莊集》中占比重甚大，與作者身居高位有關，此外當時他是朝廷中的大手筆，朝中代表皇帝寫的制文和代表官員寫的表章多出於其手。這篇文章是應酬之文，皇帝下詔修書，照例序文是由皇帝署名的，當然由皇帝親手「御製」的可能性很小。比如，司馬光奉詔主修《資治通鑑》，其序就是神宗所作。這類請序的文章，雖說是應酬之文，但寫好著實不易，因為

朝中博學能文之士眾多，無論是用典或者行文，稍有不慎，即成為笑柄。這類文章難免要歌功頌德一番，在舊文化中，君臣關係是三綱中價值體系中具有核心意義。一個官員尤其是大臣級別的官員，他對上司或者同僚的讚揚是要有分寸的，否則應有阿諛奉承或者相互吹捧之嫌，而對皇帝的吹捧則是發揮才能和想像，能吹到什麼樣的高度就有多高的水準。這篇文章是此類文章的典範之作，一是馬屁拍得好，文章開頭即將真宗與周文王和孔子相比較，一位聖王，一位聖人。試想一下倘若將他們與其它相關大臣類比，這肯定不倫不類。文末稱：「聖慈特賜御制總序加於編首，式昭下濟之輝，永播化成之教，豈獨儒林之榮觀，實為聖域之令猷，」這也是頌聖之詞，譯成現代漢語：聖明之君慈愛有加，特意賜總序置於這部書的前面，就象明亮的太陽普照天下的光輝，永遠傳播著昌明繁盛的教化，這不僅是文化學術界的巨大榮幸，實在也是整個聖明區域的重大謀略之事。也就是為一部大書寫個序，而且這一序多半還不是皇帝的手筆，居然上綱上線提高到全國人民的重要事件，馬屁也算拍到家了；二是這類文章的風格基本雷同，廟廊氣概，典雅堂皇。多用四六句駢偶，辭藻斐然，富有文采。這類文章就文學性而言不足道哉，但從文章學的角度而言，卻是水準極高的文學侍從之作，受到後世士大夫的好評。

我們再看他寫給朝廷的一份奏章，《洪州請斷妖巫奏》：

　　臣聞左道亂俗，妖言惑眾，在昔之法，皆殺無赦。蓋以奸臣逆節，狂賊亂規，多假鬼神，搖動耳目。漢之張角，晉

之孫恩，偶失防閑，遂至屯聚，國家宜有嚴制，以肅多方。竊以當州東引七閩，南控百粵，編氓右鬼，舊俗尚巫。在漢欒巴，已嘗薦理。爰從近歲，傳習滋多。假託機祥，愚弄黎庶，剗絕性命，規取貨財。皆於所居塑畫魑魅，陳列幡幟，鳴擊鼓角，謂之神壇。嬰孺繦褓，已令育字，曰壇留壇保之類。及其稍長，則傳習妖法，驅為童隸。民之有病，則門施符術，禁絕往來，斥遠至親，屏去便物。家人營藥，則曰神不許服；病者欲飯，則云神未聽餐。率令疫人死於饑渴。洎至亡者服用，又言餘祟所憑，人不敢留，規以自入。若幸而獲免，家之所資，假神而言，無求不可。其間有孤子單族，首面幼妻，或絕戶以圖財，或害夫而納婦。浸淫既久，習熟為常。民被非辜，了不為怪。奉之愈謹，信之益深。從其言甚於典章，畏其威重於官吏。奇神異像，圖繪歲增，邪籙妖符，傳寫日夥。小則雞豚，致祀斂以還家；大則歌舞，聚人食其餘胙。婚葬出處，動必求師，劫盜鬥爭，行須作水，耗盡衣食，眩惑裡閭。設欲扇搖，不難連結。在於典憲，具有章條，其如法未勝奸，藥弗瘳疾，宜頒峻典以革妖風。當州師巫一千九百餘戶，臣已勒令改業歸農及攻習針灸之脈。所有首納妖妄神像符籙神衫神杖魂巾魂帽鍾角刀笏沙羅等一萬一千餘事，已令焚毀及納官訖。伏乞朝廷嚴賜條約，所冀屏除巨害，保宥群生，杜漸防萌，少裨萬一。（卷一五）

洪州今為南昌，本傳稱：「洪俗尚鬼，多巫覡惑民，竦索部中得千餘家，敕還農業，毀其淫祠以聞。詔江浙以南悉禁絕

之。」夏氏作為一方大員，對於本州信鬼重巫的習俗，從發展地方經濟、維護社會治安的角度來說，自然是一大惡習，一定要杜絕。文中敘述巫風之患，頗為生動，如「民之有病，則門施符術，禁絕往來，斥遠至親，屏去便物。家人營藥，則曰神不許服；病者欲飯，則云神未聽餐，率令疫人死於饑渴」。民間巫術重在驅鬼袪病，在缺乏病理知識的時代，百姓往往將疾病視為中邪氣或者受蠱惑，是一種超自然的力量傷害的結果，因而他們相信只有依靠具有超自然力量的巫覡之流，才可破解邪氣或蠱惑。民間巫術具有漫長的歷史，是人們對各種自然災害和疾病原因困惑的產物。這裡所說的用巫術治病方式，使我們可以想見到千餘年前的巫術的狀況，現在看來荒唐的東西，當時卻是一種風俗。從這裡我們還可以看到作者是非常理性的，他顯然不相信這樣的怪誕方式能夠治好病。對於利用巫術謀利這樣的情況，作者也是非常清醒的：「或絕戶以圖財，或害夫而納婦」，這種後果是一種罪行，作為地方最高官員的夏氏不可能予以容忍。所以他就此採取了強硬的措施，禁止巫覡活動，並請求朝廷以國家的名義頒布嚴峻的法令禁絕巫術。這篇奏章仍是一篇很講究的駢文，典型的廟堂之文。

　　《文莊集》中卷二五，是作者寫的一些銘文，這是最具有文學意趣的散文作品，現以《焚書坑銘》為例：

　　　　秦焚經籍，尚法令，人知其禍，而未知其福焉。夫舜死
　　　陟方，則禪受之道缺；有夏多罪，則篡弒之風起。蓋受天命
　　　觀人事而作，故君子不謂之暴。而嬴氏以區區之秦窺覦關

東，刮兵剝糧，峻刑刻法，幸六諸侯之弊，盜據神器，累世之禍，積於宗廟，兆民之怨，盈於城野，炎漢之聖，伏於豐沛。是時苟能右詩書、敦禮樂、修人文，而黜吏議，祿冠纓之士，行帝王之術，雖累世之禍，不得發矣，兆民之怨不得泄矣，炎漢之聖不得章矣。而秦反枕干盾衽金革，貴刑名而害仁義，官甲胄之夫，馳戰霸之途，故宗廟之禍得以發矣，城野之怨得以泄矣，豐沛之聖得以章矣。

夫是坑也，焚於斯，禍於斯，福於斯。焚書也，禍秦也，福漢也，詩書不亡，無以速秦禍也。未有削平敵國，分為郡縣，不數世社稷魚壞，而不可救者也；禮樂不墜，無以速漢福也。未有起布衣提三尺，不數載大統畢集，而不可危者也。蓋文之於國，猶水火哉，無一日之可暫去。秦失天下也，故禍之易也。漢得天下也，故福之易也。君子曰：國之將亡，文先亡矣。未有守文而不能救亡者也。斯文之道如天地焉，如日月矣，復之載之，照之臨之，非可息。秦之焚書，焚秦也。文道非可焚也。

始皇帝焚書坑儒，焚書坑儒成為歷代文人詬病的焦點，也視為秦朝滅亡的重要原因。本文指責秦朝採取強暴之術，輕視詩書禮樂，導致強大的國家土崩瓦解，結果是劉邦的漢朝取而代之。這類說法並非新見。從寫作的角度而言，顯然不如蘇軾《遊士失職之禍》討論秦朝滅亡那樣新穎深刻，東坡寫道：

夫武夫謀臣，譬之藥石，可以伐病，而不可以養生。儒

者譬之五穀，可以養生，不可以伐病。宋襄公爭諸侯，不禽二毛，不鼓不成列，以敗於泓，身夷而國蹙。此以五穀伐病者也。秦始皇焚詩書，殺豪傑，東城臨洮，北築遼水，民不得休息，傳之二世，宗廟蕪滅，此以藥石養生者也。

這種寫法真是太有才了，一個被無數人評論過的題目，東坡用兩個比喻，卻獨出機杼，令人耳目一新。夏竦顯然還沒有這樣的水準，但就文章而言，這仍然算得是一篇好文章。從立論而言，顯然還是主流派議論，以儒家德治思想治理國家，所謂以「王道」反對「霸道」，以文治對抗暴力，無疑是堂皇之論。文章遣詞造句非常講究，無疑是精心結撰之作。

王欽若、陳彭年、夏竦在正史上的評價都不太好，但他們都是當時著名的人物，一是都是炙手可熱的大臣，二是他們都以文章有名於當時。

第二節 ▶ 晏殊的散文創作

與王欽若、陳彭年、夏竦一樣，晏殊在仁宗朝，出將入相，地位顯赫，榮耀一時。只是與三位高官同鄉不同的是，晏殊不僅聲名早著，地位顯赫，而且政聲甚佳，頗有令譽。

晏殊（991-1055），字同叔，撫州臨川（今屬江西）人。晏殊的仕途經歷書寫了一個科舉童話，倘若沒有一個相對公平完善的科舉制度，很難想像他能從一介平民而身居高位。歐陽脩所作《晏公神道碑銘》說他十四歲那年以神童召試，「起田里」，又說

「其世次晦顯，徙移不常」，祖上數代只有七世祖在唐僖宗時考取進士，其餘先輩皆無官職，典型的從平民到宰相的仕宦歷程。在真宗朝，晏殊十四歲即應神童試，《宋史》本傳云：「七歲能屬文，景德初，張知白安撫江南，以神童薦之。帝召殊與進士千餘人並試廷中，殊神氣不懾，援筆立成。帝嘉賞，賜同進士出身。」難能可貴的是，兩天后，皇帝又試詩、賦、論，「殊奏：臣嘗私習此賦，請試他題。帝愛其不欺，既成，數稱善。」不僅才華橫溢，而且誠實忠信。張知白是當朝宰相，舉薦晏殊，說明在當地已大名鼎鼎。十四歲即任命為正式官員，可謂年少得志。後來一路做到宰相兼樞密使，也就是說宋代朝廷兩個最重要的職務被他一人所兼，這種例子在有宋一代極為罕見，像王安石極得神宗信任，但仍未使相之職集於一身。看看他的仕履，前期官職幾乎將朝廷舞文弄墨的職務都當遍了。釋褐時即擢秘書省正字，後又直史館。再做太子舍人，也就是陪太子讀書的角色，往往是為未來皇帝儲備人才的職務，不久做到知制誥，又升任翰林學士，宋代的翰林學士常以能文之士擔任，且容易入閣為相。因為他博學多才，皇帝常有事情諮詢他，史稱「帝每訪殊以事，率用方寸紙細書，已答奏，輒並稿封上，帝重其慎密」。可見皇帝對他的信任和欣賞，這也是他後來能夠做到宰相的重要原因。

晏殊為官正直，剛烈勇諫，知人善任，尤重教育。他知應天府（今南京）時，延請范仲淹辦學校授生徒，史稱「自五代以來，天下學校廢，興學自殊始」。宋代書院極為發達，這與晏殊的提倡頗有關係。重視選拔賢才，范仲淹、孔道輔都出自其門下，韓琦、富弼都由他擢拔擔任要職。他為相時，當時朝廷人才

極為繁盛，皇帝也奮發圖為，是北宋前期的黃金時代。

晏殊文集《宋史》本傳載有二百四十卷，但是大多散佚，《四庫全書》有《元獻遺文》一卷，為清人胡亦堂所輯。《四庫提要》云：

> 僅文六，為詩六首，餘皆詩餘。殊當北宋盛時，日與諸名士文酒唱和，其零章斷什往往散見諸書，如《復齋漫錄》、《古今歲時雜詠》、《侯鯖錄》、《西清詩話》所載諸詩皆未收入，未為完備。……原集既已無存，則此裒輯之編僅存什一於千百者，亦不能不錄備一家矣。

晏殊當時以能文著稱於世，又在宦海浮沉數十年，一生作文無數，但今存文僅六篇，難怪四庫館臣慨歎「僅存什一於千百者」。六篇文章是：《天聖上殿札子》、《進兩制三館牡丹歌詩狀》、《庭莎記》、《幾銘》、《答善贊兄家書》、《答中丞兄家書》。北宋重臣多能文之士，奏章札子極能體現作者的見識和文采，所以為士大夫所重。晏氏文章僅存兩篇奏章，其中亦有窺一斑而見全豹之意。《天聖上殿札子》，是作者在仁宗天聖年間（1023-1031）上朝時的奏章，可能是皇帝要求臣子建言獻策：

> 朝廷者，天下之本也，自古未有朝廷治而天下不治者，亦未有朝廷不治而能治天下者。故曰正朝廷以正百官，正百官以正萬民，正萬民以正四方，此不易之序也。

太宗皇帝嘗以邊事問御史中丞王化基。化基對以治天

下，猶植木，所患根本未固，固則枝條不足憂。今朝廷治則邊郡何患不安？化基之言甚簡且要，真知治本者也。

且人君若無職事，惟辨臣下之邪正，實人君之職也。然古今說者以辨邪正為難，臣竊以為不然，在人君用心何如耳。使人君之心是非好惡每存乎私，則邪正之辨實難。人君之心是非好惡，一循乎大公至正之道，則邪正之辨何難之有？

唐明皇用姚崇、宋璟則天下治，方是時，是非好惡無私意故也。及用李林甫、楊國忠馴至大亂，此其心非不知林甫之奸邪，特使其能徇己之私爾。《書》曰：「有言於汝心，必求諸道，有言遜於爾志，必求諸非道。」為人君者能不忘乎此，而邪正有不辨者，臣不信也。

朝廷為求治國之道，常問策於朝臣，大臣常通過上疏來闡明自己的政見，表達對朝政的看法，當然作者也常以此來表現自己的見識和才華，從而獲得朝廷或皇帝的青睞。這篇札子認為正朝廷是治理天下的根本，只有根本牢固，其它諸事無憂。那麼如何治朝廷呢？皇帝的根本職責就是辨邪正用賢臣，唐明皇就是前車之鑒。文章言簡意賅，一氣呵成，引經據典，極為貼切。

《庭莎記》是作者現存惟一的文學性散文：

餘清思堂中宴享之間隙地，其縱十八步，其橫南八步、北十步，以人跡之罕踐，有莎生焉。守護之卒，皆疲癃者，芟薙之役，勞於後畦。蓋是草耐水旱，樂延蔓，雖披心隙

葉，弗之絕也。予既悅草之蕃蕪，而又憐卒之勤瘁，思唐人賦詠間多有種莎之說，且茲地宛在崇堞，車馬不至，弦匏不設，柔木嘉卉，難於豐美，非是草也，無所宜焉。於是傍西墉盡修徑布武之外，悉為莎場，分命儓人，散取增殖，凡三日乃備。援之以丹楯，漑之以甘井，光風四泛，纖塵不驚。

　　嗟呼！萬匯之多，萬情之廣，大含元氣，細入無間，罔不稟和相適。區別顯仁，措置有規，生成有術，失之則戕，獲之則康，一物也，從可知矣。乃令遂二性之域，去兩傷之患，偃籍吟諷，無施不諧。然而人所好尚，世多同異，平津客館，尋為馬廄；東漢學舍，間充園蔬。彼經濟所先，而汙隆非一，矧茲近玩，庸冀永年。是用刊辭於石，知所留意，庶幾不蕆也。

　　此文前半部分為記敘，非常簡單。作者的官衙生長了莎草，無人護養，長得繁盛。這種野草，本來是要芟薙的，作者喜愛野草的繁盛，又憐憫役卒的勞累，於是使人種植莎草。這麼簡單的事，作者如果用平鋪直敘的寫法，無疑顯得枯燥無味。文中的敘寫極有文采，如「予既悅草之蕃蕪，而又憐卒之勤瘁，思唐人賦詠間多有種莎之說，且茲地宛在崇堞，車馬不至，弦匏不設，柔木嘉卉，難於豐美，非是草也，無所宜焉」，用既、而、且三個連詞，使文章一波三折，又一氣呵成，其文采亦不減歐、蘇同類作品。後半部分的議論，在宋文中極為常見，宋人喜思辨好議論，如著名的《遊褒禪山記》和《石鐘山記》都是這樣的文章結構。這段議論是說，世界萬事萬物，各有特性，極為豐富，但有

一點是相同的，都稟賦自然之氣，所以應該順從物性，不能違背自然。從庭莎而得出這樣一個富有哲理而相當深刻的結論，這也表現了作者思想的深刻和宋人議論的特點。晏氏這段文字駢散兼行，抑揚頓挫，遣字造句極為講究，頗能表現其才情。

《答贊善兄家書》

　　莊客至，知大事禮畢，日月迅速，哀痛無極，奈何奈何！志文本及寄殊生日衣服及孩兒妳妳等信物，柑子黃雀鮓等領訖，地遠不須煩神。況人事有何窮極，置得宅子，大抵廉白守分。為官須作一生計，且安泊親屬，不必待豐足。嘗見范應辰率家人持十齋，自云：一以勸其淡素好善，次則減魚肉之價。聚為生計，果置得一兩好莊及第宅，免於茫然，此最良圖。況宦游何窮期，兼官下不得營私，魏四工部為戒也。然須內外各宜儉約為先，方可議此。殊家間僕吏等，至今兩日內破一頓豬肉，定其兩數，或回換買魚肉，亦約豬肉錢數，此持久之術。是以常為宗親及相知交遊言之。建節之說，皆虛傳也。今邊事尚未息，須當重委建節，必不優閒處用此職，況須因干求經營。

　　殊一生不曾干求，況今雖位極人臣，何顏求覓？是以須待出於特命，且不能效人干請結托，勢雖恬靜，若非久持，則遠近高下應當推避，必不可求請。凡虛傳者，但請勿信，古今賢哲，有識見知恥者，量力度德，憂不能任，不佞當負愧畏重責，是以終無幸求。其更識高者非親耕不食，非親蠶不衣，孺子之類是也。蓋功利不能及人，而坐受竊其膏血，

縱無禍，須愧赧也。殊來多介僻者理在此，今因信略及之。

晏殊現存文章中有兩封家書，都是寫給兄長的。這封信約作於慶曆初，作者已身居宰相之職。因為是家書，文字也似家常語，幾乎接近當時口語。文章告誡家人有兩條：一是履行節儉，不可驕橫；二是不得干求經營，也就是告誡家人不可以權謀私，結成利益集團。文章現身說法，以自己的生活習慣和生活準則為例，勸誡家人，可謂循循善誘。作者位極人臣，但廉潔奉公，時常提醒遠在故鄉的親人，不可以宰相家人的身份去謀求不當利益。北宋時期，士林風氣廉正，恪守氣節。晏殊的學生范仲淹，是士林楷模，高風亮節，為人稱道。晏殊亦以廉潔聞名，也深受士林尊重。范仲淹可能受到他的影響，或者他們惺惺相惜，范氏受到晏殊的提攜。這封家書若促膝談心，娓娓道來，令人心悅誠服。雖身居要職，但毫無頤指氣使之慨。

第二章

歐陽脩

第一節 ▶ 歐陽脩的論文主張與其影響

　　歐陽脩是江西歷史上第一位具有百科全書意義的偉大學者，在當時的學科門類中，他無所不通。他是傑出的經學家，所著《易童子問》、《詩本義》，是宋代疑古思潮的先行者。他在經學方面的成就使其成為從漢唐注疏到宋代義理之學的代表人物，研究儒家經典，既不輕易懷疑舊說，亦不因循前人，而是根據自己的研究心得，探求經本義。在許多方面突破了舊儒的陳腐觀點，得出較為令人信服的結論。如原本對《詩經》的研究，歷代都沿襲《毛傳》和鄭箋，多有穿鑿附會之辭，後人也不懷疑。而歐陽脩在《詩本義》中對毛鄭之說進行了全面梳理，正確的便予以肯定，錯誤之處則加以辯駁，不盲目迷信舊說，是北宋時期研究《詩經》最優秀的著作。他獨立完成歷史著作《新五代史》以及他與宋祁合作主編的《新唐書》都是正史中的優秀著作，他一人在二十五史占了一部半，為歷代所重視，他與司馬光是北宋時期最有成就的史學家。他還是北宋時期最重要的文學家之一，擅長當時的各種文學體裁，他的詩詞散文在北宋都堪稱名家，文學的多方面的成就，只有他的學生蘇軾可比。他還是重要的目錄學家

和考古學家，參與當時國家圖書館的目錄《崇文總目》整理編撰，所著《集古錄》是宋代重要的金石學方面的權威之作。他的著述豐富，今存《歐陽脩集》一五五卷。歐陽脩多方面的傑出成就，加上他的優良德行和崇高的政治地位，使他成為當時士人中的領袖人物和文壇泰斗。

歐陽脩（1007-1072），廬陵（今江西永豐）人，字永叔，自號醉翁，晚年又號六一居士。幼年喪父，家貧，母親鄭氏夫人，用荻杆畫地教其識字。宋仁宗八年（1031），登進士第。慶歷年間，參與范仲淹的新政，與範氏善，曆知諫院、知制誥等職。新政失敗後，歷任地方官員。嘉祐年間，返朝任職，曾知貢舉，選拔蘇軾、蘇轍、曾鞏等為進士。晚年官居要職，歷任樞密副使、參知政事。

關於歐陽脩在文壇上的地位，《宋史》本傳曰：

> 為文天才自然，豐約中度，其言簡而明，信而通，引物連類，折之於至理，以服人心。超然獨騖，眾莫能及，故天下翕然而師尊之。獎引後進，如恐不及，賞識之下，率為聞人。曾鞏、王安石、蘇洵、洵子軾、轍，布衣屏處，未為人知，修即遊其聲譽，謂必顯於世。篤於朋友，生則振掖之，死則調護其家。

這裡的評價包括兩層意思，一是他文章為世人所景仰，二是獎掖後進，賞識的人才都是後來的著名人物。脫脫主修《宋史》時，尚無八大家之說，而受歐陽脩獎掖或者他門下之士又不止曾

鞏諸人，但最有名的確實是這五人。以關係而言，曾鞏、蘇氏二兄弟，都是歐氏知貢舉時選拔的進士，是他的學生。尤其曾鞏曾隨他學古文，是他教出來的。曾鞏在他去世後所作祭文中說：「愛養人才，獎成誘掖。甄拔寒素，振興滯屈。」又說：「聞訃失聲，皆淚橫溢，戀冥不敏，早蒙振拔，言由公誨，行由公率。」感激歐陽脩的教誨之恩。曾鞏為太學生時，作書上當時任翰林學士的歐陽脩，表示他想入歐氏之門的願望：

> 韓退之沒，觀聖人之道者，固在執事之門矣。天下學士有志於聖人者，莫不攘袂引領，願受指教，聽誨諭，宜矣。……鞏性樸陋，無所能似，家世為儒，故不業他。自幼逮長，努力文字間，其心之所得，庶不凡近，嘗自謂於聖人之堂奧室家，鞏自知亦可以少分萬一於其間矣。執事將推仁義之道橫天地、冠古今，則宜取奇偉閎通之士，使趣理不避榮辱利害，以共爭先王之教於衰亡之中。謂執事無意焉，則鞏不信也。若鞏者，亦粗可以為多士先矣，執事其亦受之而不拒乎？

曾鞏上此書時，同時將自己平常所作時務策呈上。歐陽脩讀後，大加讚賞。曾鞏後來回憶此事說：「執事每曰：『過吾門者百千人，獨於得生為喜』。及行之日，又贈序引，不以規而賞識其愚，又歎嗟其去。此鞏得之於眾人，尚宜感知己之深，懇惻不忘，況大賢長者，海內所師表，其言一出，四方以蔔其輕重。某乃得是，是宜感戴欣幸，倍萬於尋常可知也。」曾鞏參加進士

考試落第，歐陽脩認為考官沒有見識，對曾鞏的境遇表示同情。從曾鞏的敘述我們可以看到，歐陽脩對他非常器重，另一方面，歐陽脩當時是文壇巨擘，受他表彰的人都能成為名人。

王安石不是歐陽脩的學生，但他的聲名大振，卻是歐陽脩表彰的結果。王安石通過曾鞏結識當時已為天下文章宗主的歐陽脩，歐氏也因為讀到他的文章而大加讚賞。至和年間，歐氏舉薦當時還不太知名的王安石為諫官：「伏見殿中丞王安石，德行文學為眾所推，守道安貧，剛而不屈。」諫官在當時是清要之職，常由德行文學皆上乘者擔任。王安石對歐陽脩的知遇之恩也心存感激，《上歐陽永叔書》說：「某以不肖，願趨走於先生長者之門久矣。初以疵賤不能自通，閣下親屈勢位之尊，忘名德可以加人，而樂與之為善。……過蒙獎引，追賜詩書，言高旨遠，足以為學者師法。」又說：「幸以職事，二年京師，以求議論之補，蒙恩不棄，知遇特深。韋離未久，感戀殊甚。……伏蒙恩憐，再賜手書，推獎存撫，甚非後進所當得於先生大人之門。以愧以恐，何可以言也！」歐氏有機會即到處讚揚王安石的學識和才幹，又親自贈詩文，由於他的特殊地位和巨大影響，對王安石後來的仕途發展、職務晉升都有重要意義。

蘇氏父子三人，當他們剛到京城時，尚為無名之輩。蘇洵是一白丁，蘇軾二十歲，而蘇轍只有十八歲，在京城中並無有力之人援手。蘇軾在《祭歐陽文忠公文》中說：「昔我先君，懷寶通世，非公莫能致，而不肖無狀，受教於門下者，十有六年於茲。」倘若沒有歐陽脩的延譽，蘇洵還不可能在當時有那麼大的名氣，蘇軾蘇轍兄弟在考取進士之後也不可能一下子就成為當世

名人。他不遺餘力地提攜獎掖蘇氏父子，如推薦沒有功名的蘇洵在朝任職，並介紹他與當朝宰相韓琦相識。在上朝廷的《薦表》中稱：「伏見眉州布衣蘇洵履行純固，性訓明達，亦嘗一舉有司，不中，遂退而力學，其論議精於物理而善識變權，文章不為空言，而期於有用。其所撰《權書》、《衡論》、《機策》二十篇，辭辯宏偉，博於古而宜於今，實有用之言，非特能文之士也。」對二蘇兄弟的才華讚不絕口。尤其對蘇軾，認定他是自己事業的繼承人。

蘇轍回憶道：

嘉祐二年，歐陽文忠公考試禮部進士，疾時文之詭異，思有以救之。梅聖俞時與其事，得公（指蘇軾）《論刑賞》以示文忠。文忠驚喜，以為異人，欲以冠多士，疑曾子固所為。子固，文忠門下士也。乃置公第二。復以《春秋》對義居第一，殿試中乙科，以書謝諸公。文忠以書語聖俞曰：「老夫當避此人，放出一頭地。」士聞者始嘩不厭，久乃信服。（《東坡全集·東坡先生墓誌銘》）

此文是紀念蘇軾的文字，說的是蘇軾在考試中的文章得到歐陽脩的賞識。歐氏是士人公認的文壇領袖，又是朝廷重要官員，時人將其視為韓愈之後最重要的古文家，而蘇軾不過是二十出頭的年輕進士，難怪許多士人不服氣，以為歐陽脩言過其實。後來證明歐氏確實是慧眼識才，蘇軾是繼歐陽脩之後最重要的散文家又是繼歐氏之後的文壇領袖。這裡無疑有一個見識的問題，還有

一個氣度的問題。沒有雍容大度的襟懷，以他當時的身份，對於一個尚未知名的年輕人如此推崇是難以想像的事。倘若有氣度而沒有知人之明，也不可能選拔出蘇軾這樣的英才。正因為歐陽脩的輝煌的文學創作成就以及他對後學才俊的提攜賞識，形成北宋中期文壇名家輩出，星光燦爛的局面。

歐陽脩是宋代古文運動的領袖人物，在年輕時代，曾在西昆派代表人物錢惟演的幕府任職，與尹洙、梅堯臣互為師友，相互唱和。此時他們即提倡務實的古文，而對藻飾過度的西昆體頗為不滿。值得注意的是，歐陽脩不滿西昆體，但更反對道學家以韓復的名義，主張古文純粹成為道學的工具。他的同年進士石介極力反對西昆體，斥之為「怪說」，歐陽脩對石介過分強調道的偏激做法，提出批評。宋初文壇，主要籠罩在唐代巨大的陰影之下。一是受李商隱影響的西昆體；二是道學意味很重的宗韓學者。這些宗韓學者，一些是道學家如柳開、穆修、石介等，還有一些優秀的古文家如王禹偁等。歐陽脩論文也是宗唐宗韓，他晚年所作《記舊本韓文後》回憶當年情況：「為兒童時，得昌黎先生集讀之，見其言深厚而雄博，及舉進士，取所藏韓文複閱之，因喟然歎曰：『學者當至於是而止爾』。」

北宋初年崇韓其實是一種主流思潮，柳開在《應責》一文即言：「吾之道，孔子、孟軻、揚雄、韓愈之道；吾之文，孔子孟軻揚雄韓愈之文也。」石介《尊韓》一文亦言：「道始於伏羲氏，而成終孔子。道憶成終矣，不生聖人可也。若孟軻氏，揚雄氏，王通氏，韓愈氏，祖師尊之，其智足以為賢。孔子後，道屢塞，辟於孟子，而大明於吏部。大明矣，不生賢人可也。故自吏部來

三百餘年矣，不生賢人。」道學家都是從道統的角度來推崇韓愈弘道的功績，而並非關注其古文成就。歐陽脩作為古文家的宗韓，與道學家顯然不同，他重在「其言深厚而雄博」。當然歐氏亦重道，他在《讀李翱》中說：「翱一時人有道而能文者，莫若韓愈。」「有道而能文」，是歐氏對士人最理想的標準。在文和道的關係方面，他仍然把道放在第一位，提出「道勝者，文不難而自至也」，與道學家所謂「有道必有文」的觀點是有差別的。在道學家的文論體系中，文只是載道之工具，是道的附庸，文過於彰顯，非能載道，可能還會害道。這也是道學家反對形式美的文學樣式的出發點，比如他們強烈排斥駢文、西崑體、花間詞等唯美主義的文學流派。歐陽脩雖然亦重道，但就衛道的角度來看，卻是個溫和派，他自己的古文就寫得很美，填詞基本上也是花間派的路數，對西崑體的批評也很溫和，有相當正面的評價。反之，他批評道學家偏激立場，表現他清醒的大家風範。他在《送徐無黨序》中論文道關係：

予讀班固《藝文志》、唐《四庫書目》，見其所列自三代秦漢以來，著書之士，多者至百餘篇，少者猶三四十篇，其人不可勝數，而散亡磨滅，百不一二存焉。予竊悲其人，文章麗矣，言語工矣，無異草木榮華之飄風，鳥獸好音之過耳也。方其用心與力之勞，亦何異眾人之汲汲營營，而忽焉以死者，雖有遲有速，而卒與三者同歸於泯滅。夫言之不可恃也蓋如此！今之學者，莫不慕古聖賢之不朽，而勤一世以盡心於文字間者，皆可悲也。

徐無黨是他的學生，擅長古文。作此序時，徐無黨高中進士正準備衣錦還鄉。歐氏此序無疑有特殊含義，即不僅要以文章名世，而且更重要的是修養德行，不能把一生精力全部置於文字之中。歐陽脩作為當時聲名顯赫的文章家，又面對一位頗有文采的學生，發出這樣的感慨是情有可原的。他強調德行的重要，絲毫也不能說明他不重視文章。他對《左傳》引述孔子的話「言之無文，行之不遠」，解釋道：「君子之所學也，言以載事，而文以飾言；事信言文，乃能表於後世。」事信言文是一個很好的標準，也是古文家對文章的要求。即是：文章寫的內容要真實可信，這裡有兩層含義：一是符合儒家之道，因為這是當時人們心目中的真理，可謂事信；二是符合客觀事理，要寫誠實的東西。文章又要有文采，文采決定了文章的傳播範圍，所以他說：「言之所載者大且文，則其傳也章；言之所載者不文而又小，則其傳也不章。」大是指事理之大，當指儒家之道。這些議論可謂古文家論文的當行本色。也正因為歐陽脩的開明的古文家文論，為北宋中葉的詩文革新運動奠定了良好的基礎和廣闊的發展空間。

第二節 ▶ 歐陽脩的古文創作

《宋史·歐陽脩傳》曰：

三代而降，薄乎秦漢，文章雖與時盛衰，而蔚如其言，曄如其光，皎如其音，蓋均有先王之遺烈。涉魏晉而弊，至唐韓愈氏振起之。唐之文，涉五季而弊，至宋歐陽脩又振起

之。挽百川之頹波，息千古之邪說，使斯文之正氣，可以羽翼大道，扶持人心，此兩人之力也。愈不獲用，修用矣，亦弗克究其所為，可為世道惜也哉！

　　此傳從中國古文發展史的角度來觀照韓愈和歐陽脩在古文史上的地位，以及在當時的開拓之功，應該說是非常貼切的。韓愈與歐陽脩作為古文運動領袖人物，其成功之處在於獎掖後進，形成一個巨大的文學集團，造成一種聲勢，集中顯示古文業績。韓門歐門皆稱多士，這一方面歐氏更為突出。蘇軾便說過，當時的能文之士幾乎都出自歐氏之門或者與歐氏有密切關係。他愛才如渴，表現出一代領袖的風範。他之所以成為古文家的宗師，除了他愛才如渴外，最主要的原因還在於其散文創作的巨大成就。

　　歐陽脩的古文創作題材廣泛，內容豐富，下面略作評述：

　　他的論辯文章範圍很廣，諸如史論、政論、書論、雜論等，都有傑作傳世。這些文章不僅顯示了他的文學成就，而且還展示了他多方面的成就。比如，他是當時重要的政論家、史學家、經學家。他的政論性文章常常表達他對朝政的看法，有時是為了論爭。如《朋黨論》是這類文章的代表作。此文作於慶曆四年（1044），當時由范仲淹主持朝政，重用一批新人，如富弼、韓琦、歐陽脩等，進行政治改革。受到呂夷簡為首的守舊人士的攻擊，說他們搞朋黨。這篇文章是上給朝廷的，他針對舊派攻擊范仲淹搞朋黨、明確提出君子有朋，小人無朋之說，大有以子之矛攻子之盾的味道：

大凡君子與君子，以同道為朋；小人與小人，以同利為朋，此自然之理也。然臣謂小人無朋，惟有君子則有之，其故何哉？小人所好者，祿利也，所貪者，財貨。當其同利之時，暫相黨引以為朋者，偽也。及其見利而爭先，或利盡而交疏，則反相賊害，雖其兄弟親戚不能相保，故臣謂小人無朋。……君子則不然。所守者道義，所行者忠信，所惜者名節。或為人君者，但當退小人之偽朋，用君子之真朋，則天下治矣。

歷代統治者對朋黨問題總是很敏感，因為朝臣結成朋黨，可能導致君權的旁落。在歐陽脩之前，無人敢公然提出君子有朋、小人無朋的說法。而他敢向朝廷上疏，是因為這篇文章寫得正氣凜然，無懈可擊，為當時的朋黨之說提供了一個新穎的視角。作者在如此立論的基礎上，又引述古代典故和《尚書》中的經典論述，更證明瞭作者觀點的正確。

再如《與高司諫書》，也是優秀的政論性文章。高司諫名若訥，景佑年間任諫官。當時范仲淹在朝中因得罪宰相呂夷簡，被外放出朝。朝中許多大臣都為仲淹鳴不平。而作為諫官的高若訥，卻在朝中保持沉默，並且私下裡還說仲淹不識時務。文章即痛斥高沒有履行諫官的職責。此文從如何聞說高若訥的姓名寫起，說：「但聞今有宋舍人兄弟與葉道卿、鄭天休數人者，以文學大有名，號稱得人，而足下側其間，獨無可卓卓要道說者，予固疑足下不知何如人也。」只聞其名而不知人品如何，故疑之。「其後更十一年，予再至京師，足下已為御史裡行，然猶疑未暇

一識足下之面，但時時於予友尹師魯問足下之賢否。而師魯說足下正直有學問，君子人也，予猶疑之。」後來，「自足下為諫官來，始得相識，侃侃正色，論前世事，歷歷可聽，褒貶是非，無一謬說。噫，持此辯以示人，孰不愛之？雖予亦疑足下真君子也。」十餘年三疑之，而所疑的問題是高若訥是否真君子。這一鋪墊，引出作者對高若訥疑其為君子，到認定他為小人。這裡作者用的是欲擒故縱之法，先說聞其聲、聽其言都疑似君子，實際上，其具體行為卻是小人之為，這充分體現在他對范仲淹外放的態度上。

> 前日范希文貶官後，與足下相見於安道家，足下詆誚希文之為人，予始聞之，疑是戲言，及見師魯，亦說足下深非希文所為，然後其疑遂決。

此又是一疑，「其疑遂決」，有兩層含義，一個疑是戲言之疑，一個疑是否君子之疑。這種從遠寫起，愈寫愈近之法，正可印證蘇洵所謂「紆餘委備，往復百折，而條達疏暢，無所間斷」之評。作者從容不迫，而又筆底波瀾，層層遞進。

作者由此切入正題，先言范仲淹的為人：

> 希文平生剛正，好學通古今，其立朝有本末，天下所共知，今又言事觸宰相得罪，足下既是不能為辨其罪，又畏有識者之責己，遂隨而詆之，以為當黜，是可怪也。

范仲淹被黜顯然是正義之舉受挫，作為朝中正直士大夫，都對范氏表示同情，紛紛上書懇求朝廷留住仲淹，為此有一批官員因此又受牽連而貶官。本來作為專司向朝廷提意見的諫官最有資格請求朝廷撤回錯誤決議，但高若訥卻保持沉默，而且為了推卸責任，甚至違心地說范氏當黜。作者進一步提到作為朝廷諫官的責任。所謂：

> 前日御史台榜朝堂，戒百官不得越職言事，是可言者，惟諫臣爾。若足下遂不言，是天下無言者也。足下在其位而不言，便當去之，無妨他人之堪其任者也。昨日安道貶官，師魯待罪，足下猶能以面目見士大夫，出入朝中稱諫官，是足下不復知人間有羞恥事爾！

這番話充滿火藥味，全無所謂溫柔敦厚的中庸之氣，又充溢宏大正氣，令人信服。高若訥讀至此，惱羞成怒，向朝廷彈劾歐陽脩，結果歐氏貶官夷陵。

如前所述，歐陽脩是一位大史學家，所著史書，遵循儒家正統原則，以《春秋》為圭臬，多有議論之詞。這些史論多為精彩之論。如《新五代史》中的《伶官傳序》、《宦者傳論》都是著名的文章。

《宦者傳論》專論宦官專權的禍害。他的立論觀點是：「自古宦者亂人之國，其源深於女禍女色而已。」他的女禍之論當然不足為訓，但他分析君主之所以會聽信宦官，然後由信任宦官到受宦官控制的過程，則十分深刻且十分細緻：

能以小善中人之意，小信固人之心，使人主必信而親
之。待其已信，然後懼以禍福而把持之。雖有忠臣碩士列於
朝，而人主以為去己疏遠，不若起居飲食、前後左右之親為
可恃也。故前後左右者日益親，則忠臣碩士日益疏、而人主
之勢日益孤。勢孤則懼禍之心日益切，而把持者日益牢。安
危出其喜怒，禍患伏於帷闥。則向之所謂可恃者，乃所以為
患也。患已深覺之，欲與疏遠之臣，圖左右之親近，緩之則
養禍而益深，急之則挾人主以為質。雖有聖智，不能與謀。
謀之而不可為，為之而不可成，至其甚則俱傷而兩敗。故其
大者亡國，其次亡身，而使奸豪得藉以為資而起。至挾其種
類，盡殺以快天下之心而後已。

在古代正史的史論中，論述宦官禍害的著名文章，還有范曄
的《後漢書・宦者傳序》、司馬光在《資治通鑑》中專論唐代宦
官之禍。范文詳細討論後漢宦官之禍的前因後果，歷代概況，最
後漢朝滅亡，不可一世的宦官也被董卓們剿滅殆盡。司馬光論唐
朝宦官之禍的文章是《通鑑》中「臣光曰」中最長的一篇，也是
寫得最好的一篇。文章開篇即言「宦官用權，為國家患，其來久
矣」，其原因在於人主與之親近，「甘言卑辭之請，有時而從；
浸潤膚受之訴，有時而聽。於是黜陟賞罰之政，潛移於近習而不
自知。」再言唐代宦官權勢超過東漢，「使天子如乘虎狼而挾蛇
虺，……所以然者非他，漢不握兵，唐握兵故也。」唐代宦官掌
握兵權，故危害更大，接著歷數玄宗以下有唐各代的宦官之害。
這一段細析史實，文字十分精彩，讀之令人驚心動魄，如「寶曆

狎昵群小，劉克明與蘇佐明為逆，其後，絳王及文武宣懿昭六帝皆為宦官所立，勢益驕橫」。文宗、昭宗企圖消滅宦官，卻反受其制，最終憑藉藩鎮朱溫等人的力量剿滅宦官，「翦滅其黨，靡有孑遺，而唐之廟社，因以丘墟矣！」結果唐朝和宦官兩敗俱傷。相比而言，歐陽脩描述的是宦官禍國的漸進過程，是針對歷代普遍現象而論。歐陽脩與司馬光都是責任感很強的史學家，又都是重要官員，其史論往往是有為而發。宋朝不似漢代和唐代有嚴重的宦官專權問題，但也存在宦官監軍打仗的事，有識之士都對這一問題有所憂慮，這類文章是有所諷喻的。

他還是當時重要的經學研究者，曾發起有關正統論的討論。正統問題從來都是封建社會有關名份的大問題。他寫十餘篇有關正統論的文章，在《正統序》中說：「臣愚以謂正統，王者所以一民而臨天下，三代用正朔，後世有建元之名，然自漢以來，學者多言三代正朔。」又在《正統論》上雲：「傳曰『君子大居正』又曰：『王者大一統。』正者，所以正天下之不正也；統者，所以合天下不一也。由不正與不一，然後正統之論作。」古人有關正統問題的討論，注意的焦點主要在於鋁盆。一是夷夏之別，這在以漢文化為中心的文化體系中，至少在宋之前沒有什麼異議。少數民族建立的政權，都被視為非正統，無論這個政權有多麼強大。南宋時，朱子編《資治通鑑綱目》，便以蜀漢紀年。周密說：「正閏之說尚矣，歐公作《正統論》，則章望之著《明統論》以非之，溫公作《通鑑》，則朱晦庵作綱目以糾之。張敬夫亦著《經世紀年》，直以蜀先主上繼漢獻帝。」宋人重視正統問題，與儒學復興的文化背景有關。到南宋時又與當時金朝統治北方的

局勢有關。所以司馬光在《通鑑》中，以曹魏年號紀年，受到理學家朱熹、張栻的批評。因為南宋偏安一隅的形勢與蜀漢偏安西南的形勢相似，所以朱、張以蜀漢為正統。由於朱熹的巨大影響，後世多以蜀漢為正統，如羅貫中《三國演義》便有尊劉抑曹的傾向。宋有關正統的討論，正是由歐陽脩發起。

歐陽脩曾長期擔任地方官員，遊歷極廣，所到之處，都留下了優美的紀遊文字。宋代這類遊記文章十分普遍，成為散文創作之大宗。這類文章常以亭臺樓閣的作記方式，來描述山水風光以及作者的情趣。慶曆二年（1042），歐陽脩通判滑州，作《畫舫齋記》，文章開頭簡單描述了畫舫齋的位置和情狀。然後說明為什麼取畫舫齋之名。作者以詰問引起此段：「《周易》之象，至於履險蹈難，必曰涉川。蓋舟之為物，所以濟險灘，而非安居之用也。今予治齋於署，以為燕安，而反以舟名之，豈不戾哉？」往下則言齋名之意：

> 矧予又嘗以罪謫走江湖間，自汴絕淮，浮於大江，至於巴峽，轉而以入漢沔，計其水行幾萬里，其羈窮不幸而卒遭風波之恐，往往叫號神明以脫須臾之命者數矣。當其恐時，顧視前後，凡舟之人，非為商賈，則必仕宦，因竊自歎，以謂非冒利與不得已者，孰肯至是哉？賴天之惠，全活其生，今得除去宿負，列官於朝，以來是州，飽廩食而安署居。追思曩時山川所歷，舟楫之危，蛟龜之出沒，波濤之洶欻，宜其寢驚而夢愕。而乃忘其險阻，猶以舟名其齋，豈真樂於舟居者邪！然予聞古之人，有逃世遠去江湖之上，終身不肯反

者，其必有所樂也，苟非冒利於險，有罪而不得已，使順風恬波，傲然枕席之上，一日而千里，則舟之行豈不樂哉！顧予誠有所未暇，而舫者宴嬉之舟也，姑以名于齋，奚曰不宜？

　　歐陽脩此次外放為官，是因為上疏極陳朝政之弊，得罪了宰相呂夷簡。文中陳述江湖之險，其實象徵了官場之險，涉足官場之中，到處奔波，一有江湖之累，二有傾軋之苦。作者以舟命名官餘新居時的齋名，其實也有遠離權力中心得到一時安寧的期望。而且作者羨慕那些逃世遠去的隱居之士，他們也在江湖行走，但由於沒有冒利於險的的憂慮，因而自得其樂。作者建此齋似有此意，這裡實際上隱含了對官場無謂鬥爭感到的厭煩。呂夷簡與范仲淹的鬥爭由來已久，作者支持范仲淹的開明政治主張，而對呂氏不滿。呂夷簡也不是奸邪之臣，歐陽脩還曾推薦其子呂公著知諫院。不過呂夷簡有很重的朋黨習氣，他對范氏為首的新黨人物十分不滿，如韓琦、富弼、歐陽脩等都受到程度不等的壓制，這些人後來都是一代名臣。歐陽脩最初屢次貶官都與這種朋黨鬥爭有關，因此對這種無謂的黨爭既感到仕途風險，又膩味已極，所以到滑州後，為自己的閒居小屋取畫舫之名。作者對隱士的嚮往之情恐怕也不是說說而已，的確是由衷之言。他晚年閒居時這種情調表現得更為充分。

　　他的紀游文章以《醉翁亭記》最負盛名，此文作於二慶曆六年（1046）。作者受人誣告，說是與張氏有染，皇帝親自派人審查，結果查無此事，全是不實之辭。但是即便如此，歐陽脩還是

出朝知滁州。在滁州期間，是歐氏文學創作的大收時期，他許多著名作品都作於這一時期。《醉翁亭記》是極富創造力的傑作，先前沒有如此寫法。

　　環滁皆山也，其西南諸峰，林壑尤美。望之蔚然而深秀者，琅邪也。山行六七里，漸聞水聲潺潺，而瀉出於兩峰之間者，釀泉也。峰迴路轉，有亭翼然臨於泉上者，醉翁亭也。作亭者誰？山之僧曰智仙也。名之者誰？太守自謂也。太守與客來飲於此，飲少輒醉，而年又最高，故自號醉翁也。醉翁之意不在酒，在乎山水之間也。山水之樂，得之心而寓之酒也。

　　若乎日出而林霏開，雲歸而巖穴暝，晦明之變化者，山間之朝暮也。野芳發而幽香，佳木秀而繁陰，風霜高潔，水清而石出者，山間之四時也。朝而往暮而歸，四時之景不同，而樂亦無窮也。

　　至於負者歌於途，行者休於樹，前者呼後者應，傴僂提攜，往來而不絕者，滁人遊也。臨溪而漁，溪深而魚肥；釀泉為酒，泉香而酒冽。山肴野蔌，雜然而前陳者，太守宴也。宴酣之樂，非絲非竹，射者中，奕者勝，觥籌交錯，起坐而喧嘩者，眾賓歡也。蒼顏白髮，頹然乎其間，太守醉也。

　　已而夕陽在山，人影散亂，太守歸而賓客從也。樹林陰翳，鳴聲上下，遊人去而禽鳥樂也。然而禽鳥知山林之樂，而不知人之樂，人知從太守遊而樂，而不知太守之樂其樂

也。醉能同其樂，醒能述以文者，太守也。太守謂誰？廬陵
歐陽脩也

　　此時作者來滁州不到一年，我們看全文洋溢著一片與民同樂
的歡愉之情。作者外放的悲涼情態，沒有絲毫痕跡。作者對無端
被誣告而又因此外放為官，不可能沒有怨言，而且對那些藉以泄
私憤的官員，也不可能沒有怨言，也不可能沒有意見，當時權知
開封府的楊日嚴，曾被任諫官的歐陽脩指斥為貪恣，要求朝廷罷
免他。所以楊日嚴趁機報復，羅列罪名。當時任諫官的錢明逸又
是呂夷簡的心腹，於是將歐陽脩排擠出朝，上疏朝廷指控歐陽
脩。在本文中，歐氏似乎全不將此事放在心上，他仍當他的太
守，而且當得極其開心。這時實際上表現了作者寬廣的胸懷，並
不因小人誣陷而耿耿於懷，也不以仕途坎坷而怨天尤人。另一方
面，我們不難看到作者作為地方最高長官，在一片樂融融的氣氛
中，他的政績也由此顯現出來了。當然，作為優秀散文，我們欣
賞的是其別具一格的寫作方法。全文都用判斷句的形式，而且常
用問答，如「作亭者誰？山之僧智仙也。名之者誰？太守自謂
也。」這種寫法很是新奇，以至於自他用此法之後，後人無法模
仿。畫意和詩情交融，也是此文成功的重要方面。文章寫遊樂時
的歡樂和喧鬧，歷歷如在目前，寫人去山空，惟有山鳥自在地歡
鳴，特別具有詩意。寫自得其樂時的襟懷又充滿雅趣。吳楚材、
吳調侯評價此文說：「通篇共用二十一個也字。逐層脫卸，逐步
頓跌，句句是記山水，卻句句是記亭，句句是記太守。似散非
散，似排非排，文家之創調也。」（《古文觀止》卷一〇）此言

的確得其三昧。

　　散文化的賦體也是歐陽脩的一大創造，所作《秋風賦》公認是散文賦體成熟的標誌性作品。辭賦從楚辭的騷賦，漢代鋪張揚厲的大賦，到魏晉時期的抒情小賦，再到南北朝時期的駢賦，賦從形式方面來說愈來愈精美，駢化的趨向愈來愈明顯，辭采愈來愈華美，典故愈用愈多。中唐古文運動以後，寫賦的人愈來愈少。晚唐杜牧的《阿旁宮賦》已經表現出文賦的發展態勢。《秋風賦》是歐陽脩晚年的作品，與先前辭賦體相比，其創造性在於，它的句式富於變化，句子長短參差，但對句之間又較整齊。全文的句式由意群相聯，但又靈活多樣，並不講究對仗，但又是時有對句。用韻也隨行文自然流轉，不拘一格。賦開始即言：

　　　　歐陽子方夜讀書，聞有聲自西南來者，悚然而聽之，曰：「異哉，初淅瀝以瀟颯，忽奔騰而砰湃。如波濤夜驚，風雨驟至。其觸於物也，鏦鏦金鐵皆鳴。又如赴敵之兵，銜枚疾走，不聞號令，但聞人馬之行聲。」

　　「曰」之前，純然是散文句子，通常賦引起鋪敘的文字常用散文句，這是通例。「曰」之後是賦正文，「初淅瀝」兩句，是賦中常用句式，但又不是工整的對偶，而且與後文又不押韻。後面的句式，以四字句為主，又夾雜其它長短不一的句式。押韻也不太規範，「鳴」和「聲」是韻腳字，其它句子皆不用韻。我們閱讀起來有跌宕起伏、朗朗上口之感。

　　再看作者對秋聲的描述：

噫嘻！悲哉，此秋聲也，胡為乎來哉！蓋夫秋之為狀也，其色慘澹，煙霏雲斂，其容清明，天高日晶。其氣凜冽，砭人肌骨；其意蕭條，山川寂寥。故其為聲也，淒淒切切，呼號奮發。豐草綠縟而爭茂，佳木蔥蘢而爭悅。草拂之而色變，木遭之而葉脫。其所以摧敗零落，乃一氣之餘烈。

這段文字較比前面一段更工整，韻腳也更齊整，駢化的句式也更多了。但比起駢文化的賦而言，它又不夠工整。不押韻、不對偶的地方不少，而且對偶之處也多為寬對，並不錙銖必較。

自從宋玉作《九辨》言：「悲哉秋之為氣，蕭瑟兮草木搖落而變衰。」悲秋是古典文學中的常見題材。《九辨》抒寫仕途失意的情懷，引起歷代懷才不遇士人的共鳴，那種悲悲切切的悲秋之作觸目皆是。作也是悲秋之作，但他抒寫的不是懷才不遇的情感，而是有感於時光流逝，人生易老，所謂「草木無情，有時飄零，人為動物，惟物之靈。百憂感其心，萬事勞其形。有動乎中，必搖其精。而況思其力之所不及，憂其智之所不能。宜其渥然丹者為槁木，黟然黑者為星星」（《秋聲賦》）。人生在世，勞心傷神，故人生易老，文中的感慨深沉而富有哲理。這種濃度在一般的賦中難以達到，因為這類哲理性的文字由散文寫來較為方便些。這種散文化的賦體後來在他的學生蘇軾手裡得到進一步發展，蘇軾前後《赤壁賦》也是抒發人生感慨，寫得比歐陽脩更精美。這種文體將散文與辭賦融為一體，所以後人的文學選本，選文時選《秋聲賦》和《赤壁賦》，選賦時也選入這些作品。

第三節 ▶ 歐陽脩古文的藝術成就及影響

歐陽脩在中國散文史上的地位是由兩方面確定的：一是他是北宋時期詩文革新運動的領袖，又培養了一批有傑出成就的文學家，正由於這些人的共同努力，形成北宋文學彬彬之盛的局面；二是他自己的散文成就斐然，足以使其躋身於中國散文史上最優秀的作家之列。

蘇洵曾寫信給歐陽脩專論其文：

> 執事之文章，天下之人莫不知之，然竊自以為洵知之特甚，愈於天下人。何者？孟子之文，語約而意盡，不為刻削斬絕之言，而其鋒不可犯。韓子之文，如長江大河，渾浩流轉，魚黿蛟龍，萬怪惶惑，而抑遏蔽掩，不使其露，而人自見其淵然之光，蒼然之色。亦自畏避，不敢迫視。執事之文，紆餘委備，往復百折，而條達疏暢，無所間斷。氣盡語極，急言竟論，而容與閑易，無勞苦之態。

讀歐氏古文，能夠感覺到文壇宗主的雍容氣度，這或許就是蘇洵所說的「容與閑易，無勞苦之態」。王安石在《祭歐陽文忠公文》中說：

> 如公器質之深厚，智識之高遠，而輔學術之精微，故充於文章，見於議論，豪健俊偉，怪巧瑰琦。其積於中者，浩如瀟灑之渟滀；其發於外者，爛如日星之光輝；其清音幽

韻，淒如飄風急雨之驟至；其雄辭閎辯，快如輕車駿馬之賓士。世之學者，無問乎識與不識，而讀其文，則其人可知。

歐陽脩對王安石有知遇之恩，雖然後來二人政見不合，歐氏並不贊成王安石的新法。但王氏對歐氏執弟子之禮，對其道德文章十分景仰。這裡全面評價歐氏文章，一是歐氏個人器質深厚，智識高遠，而又學問精深。這就是韓愈所說的「氣盛則言之短長與聲之高下皆宜」。以這樣的功力作文自然不同凡響；二是歐氏文章風格的多元性。在這方面，王安石的評價似乎不如蘇洵更切題。蘇洵抓住了歐文的主要特徵，王安石的評論則流於泛論。「讀其文，則其人可知」，則是的評。

蘇軾在《六一居士集敘》對歐陽脩的文章及地位進行了全面評價：

自《春秋》作而亂臣賊子懼，孟子之言行而楊墨之道廢，天下以為是固然而不知其功。孟子既沒，有申商韓非之學，違道而趨利，殘民以厚主，其說至陋也，而士以是罔其上。上之人僥倖一切之功，靡然從之。而世無大人先生如孔子、孟子者，推其本末，權其禍福之輕重，以救其惑，故其學遂行。秦以是喪天下，陵夷至於勝、廣、劉、項之禍，死者十八九，天下蕭然。洪水之患，蓋不至此也。方秦之未得志也，使復有一孟子，則申、韓為空言「作於其心，害於其事，作於其事，害於其政」者，必不至若是烈也。使楊、墨得志於天下，其禍豈減於申、韓哉？由此言之，雖以孟子配

禹可也。太史公曰：「蓋公言黃、老，賈誼、晁錯明申、韓。」錯不足道也，而誼亦為之。餘以是知邪說之移人，雖豪傑之士，有不免者，況餘人乎？

自漢以來，道術不出於孔氏而亂天下者多矣。晉以老莊亡，梁以佛亡，莫或正之。五百餘年而後得韓愈，學者以愈配孟子，蓋庶幾焉！愈之後三百餘年，而後得歐陽子，其學推韓愈、孟子，以達於孔氏；著禮樂仁義之實，以合於大道。其言簡而明，信而通，引物連類，折之於至理，以服人心，故天下翕然師尊之。自歐陽子之存，世之不說者嘩而攻之，能折困其身而不能屈其言。士無賢不肖，不謀而同曰：「歐陽子，今之韓愈也。」

宋興七十餘年，民不知兵，富而教之，至天聖、景祐極矣，而斯文終有愧於古。士亦因陋守舊，論卑而氣弱。自歐陽子出，天下爭自濯磨，以通經學古為高，以救時行道為賢，以犯顏納說為忠，長育成就，至嘉佑末號稱多士，歐陽子之功為多。

嗚呼！此豈人力也哉？非天其孰能使之？歐陽子沒十有餘年，士始為新學，以佛老之似，亂周孔之實，識者憂之。賴天子明聖，詔修取士之法，風厲學者專治孔氏，黜異端，然後風俗一變，考論師友淵源所自，複知誦習歐陽子之書。予得其詩文七百六十六於其子棐，乃次而論之曰：歐陽子論大道似韓愈，論事似陸贄，記事似司馬遷，詩賦似李白。此非餘言也，天下之言也。

　　這段話是同代名人對他的文章最為全面的評價。考慮到蘇軾是他的晚輩學生，又是繼歐陽脩之後北宋一代最傑出的文章家，這種評論應該是很有份量的。首先，從道統的角度來突顯歐氏在儒學中的地位。將歐氏與孟子、韓愈相提並論，注重文章救時行道的作用。據蘇軾自己的回憶，「軾七八歲時，始知讀書，聞今天下有歐陽公者，其為人如古孟軻、韓愈之徒。」（《上梅直講書》）可見將其比作韓愈已是當時士人的共識。其次，道統即文統，道統繼承孟子、韓愈，其學術和文章亦與孟韓一脈相承，最終還是達於孔氏，合於大道。「其言簡而明，信而通，引物連類，折之於至理，以服人心，故天下翕然師尊之」，這是對歐文的特點最概括的評價，也是對歐氏在文壇重要地位的推崇。評論歐氏似韓愈、陸贄、司馬遷、李白，可謂全面評價歐氏的文學成就，當然主要是文章的成就。

　　蘇轍晚年受歐陽棐所托而著《歐陽文忠公神道碑》，這是研究歐陽脩生平的重要資料，後來脫脫主持修《宋史》，其中本傳中記載歐氏的事蹟，主要依據此碑文。碑文評價歐文：

　　　　公之於文，天材有餘，豐約中度，雍容俯仰，不大聲色，而義理自勝，短章大論，施無不可。有欲效之，不詭則俗，不淫則陋，終不可及。是以獨步當世，求之古人，亦不可多得。……自漢以來，更魏晉，歷南北，文弊極矣。雖唐貞觀、開元之盛，而文氣衰弱，燕許之流倔強其間，卒不能振。惟韓退之一變復古，遏其頹波，東注之海，遂復西漢之舊。自退之以來，五代相承，天下不知所以為文。祖宗之

治，禮文法度追跡漢唐，而文章之士，楊劉而已。及公之文行於天下，乃復無愧於古，嗚呼。自孔子至今千數百年，文章廢而復興，惟得二人焉，夫豈偶然也哉！

此番議論與其兄相似，看來是他們的共識。文章內容充實，符合正統的所謂大道，表現出雍容大度的宗師風範，無體不工，無所不能，委婉曲致，明曉暢達，大約是人們公認的特點。

歐文內容豐富，體裁廣泛，大凡奏章疏議、史論政論、紀遊敘事、人物傳記、序跋碑銘都頗多佳制名篇。我們且做些分析。

陳康肅公堯諮善射，當世無雙，公亦以此自矜。嘗射於家圃，有賣油翁釋擔而立，睨之，久而不去。見其發矢十中八九，但微頷之。康肅問曰：「汝亦知射乎？我射不亦精乎？」翁曰：「無他，但手熟爾。」康肅忿然曰：「爾安敢輕吾射！」翁曰：「以我酌油知之。」乃取一葫蘆置於地，以錢覆其口，徐以勺酌油瀝之，自錢孔入而錢不濕。因曰：「我亦無他，惟手熟爾。」康肅笑而遣之。此與莊生所謂解牛斫輪者何異。

該文選自《歸田錄》，是作者晚年致仕後，回顧平生交往舊遊的筆記。這則短文寫了一個頗富哲理的小故事，熟能生巧的生活哲理在這裡得到很充分的證明。陳堯諮射術頗精又以此自負，而且他又是位高權重的官員，所以當賣油翁對他的射術「但微頷之」，內心忿忿不平。「爾安敢輕吾射」之語，很能表現他的自

負和身份。賣油翁只說了三句話，卻十分精到地表現他成竹在胸的從容態度，讓讀者認識到這位元老人有豐富的生活閱歷和智慧，加上他神乎其技的瀝油技巧，整個人物形象飽滿而有特點。寥寥數筆，使兩位元人物躍然紙上，通篇語言簡練準確，故事展開具有戲劇性，顯示出高超的敘事功力，先前只有像《世說新語》這樣經典的記敘小品才能達到如此高的境界。

《縱囚論》是歐氏一篇翻案的議論文：

信義行於君子，而刑戮施於小人。刑入於死者，乃罪大惡極，此又小人之尤甚者也。寧以義死，不苟幸生，而視死如歸，此又君子之尤難也。方唐太宗之六年，錄大辟囚三百餘人，縱使還家，約其自歸以就死。是以君子之難能，期小人之尤者以必能也。其囚及期而卒自歸無後者，是君子之所難，而小人之所易也。此豈近於人情哉！

或曰：罪大惡極，誠小人矣，及施恩德以臨之，可使變而為君子，蓋恩德入人之深而移人之速，有如是者矣。曰：太宗之為此，所以求此名也。然安知夫縱之去也，不意其必來以冀免，所以縱之乎？又安知夫被縱而去也，不意其自歸而必獲免，所以復來乎？夫意其必來而縱之，是上賊下之情也；意其必免而復來，是下賊上之心也。吾見上下交相賊以成此名也，烏有所謂施恩德與夫知信義者哉！不然，太宗施德於天下，於茲六年矣，不能使小人不為極惡大罪，而一日之恩，能使視死如歸而存信義，此又不通之論也。

然則何為而可？曰：縱而來歸，殺之無赦；而又縱之，

而又來，則可知為恩德之致爾。然此必無之事也。若夫縱而來歸而赦之，可偶一為之爾，若屢為之，則殺人者皆不死，是可為天下之常法乎？不可為常者，其聖人之法乎？是以堯舜三王之治，必本於人情。不立異以為高，不逆情以干譽。

唐太宗縱囚一事，見《舊唐書・太宗紀》：「貞觀六年（632），十二月辛未，親錄囚徒，歸死罪者二百九十人於家，令明年秋來就刑，其後應期畢至，詔悉原之。」歐陽脩奉詔修《新唐書》，對這一史實十分熟悉。唐太宗是著名的君主，縱囚之事，為後人津津樂道，將其作為貞觀之治的重要例證。而歐陽脩不顧太宗身上的神聖光環，從人情和法理兩方面來分析縱囚的做法，認為此舉無非是上下相賊的沽名釣譽。文章開篇：「信義行於君子，而刑戮施於小人」，是全文的立論基石，在當時的價值體系中，這是不可辯駁的公理。然後便分論，判處死刑的罪犯，顯然是小人之中的惡者；而寧以義死，不苟幸生，則是君子很難做到的。再分析唐太宗的做法顯然不合人情，因為不可能讓小人之尤者去做君子都難以做到的事情。作者辯駁施恩德之說，因為這是後人公認的觀點，所以文中要特別進行分析，以正視聽。「夫意其必來而縱之，是上賊下之情也；意其必免而復來，是下賊上之心也」，這兩句無疑是誅心之論，但很貼切，的確展示了唐太宗沽名釣譽的心理。後面一段，以聖人之法作為立論依據，進而分析縱囚之舉不合法理。這種心血來潮的行為，偶一為之尚可，但不能成為常法，更不足為後人所效法。最後的結論非常富有格言的味道：「不立異以為高，不逆情以干譽」，這句話不僅

應該成為朝廷的行事準則，也可成為各地行政官員的行事準則。

通觀全文，立論的基礎堂皇正大，故說理有一種正氣凜然的氣勢，似乎不可辯駁。文章體現歐文委婉曲致的特點，作者圍繞縱囚這一事件，從各個方面推測假設，從人情和法理諸方面條分縷析，行文縝密，無有破綻，所以極有說服力。唐太宗是著名的聖明之君，後人追捧讚賞，而作者卻能透過現象看本質，充分論證縱囚無非是干譽之舉。這不僅顯現了作者見識卓越，也表現了作者膽識過人。

明曉暢達，是歐文語言的典型特徵，也是北宋文章的特點。北宋文章的形成這一特點，歐陽脩無疑是開風氣者。在此之前，文壇上有影響的兩派文章家，一是楊億、劉筠為首的西昆體作者，這些人都是朝廷重臣，故流行一時。另一派是穆修、石介諸人為代表的理學家文章。西昆派推崇李商隱，喜好四六駢驪，文章華美，注重故實，頗有文人書卷氣。這類惟美主義的文章，一般不太實用，亦不易懂。而理學家標榜韓愈，但片面追求韓文「惟陳言之務去」的特點，崇尚所謂「戛戛乎獨造」的境界。他們沒有韓愈的功力，往往有格澀難通的毛病。歐陽脩也崇尚韓文，走的是文從字順的路子。作為一代文章巨擘，學韓而不效韓，走的是自己的新路，這就是歐氏的成功之處。有人說，北宋的詩歌愈寫愈艱澀，而文章卻是愈寫愈平易。此言有理。因為宋詩有以學問為詩的傾向，喜歡用典，詩意又重委婉曲致，意在言外。而宋文則寫得非常通俗易懂，也不輕易掉書袋，炫耀學問。幾乎可以說，以今人的眼光看，宋代的文章在歷代散文中是最為通俗的了，歐陽脩的宣導和影響無疑起了關鍵性的作用。北宋著

名學者沈括在《夢溪筆談》卷九中記載:「嘉祐中,士人劉幾,累為國學第一人,聚為怪險之語,學者翕然效之,遂成風俗。歐陽公深惡之。會公主文,決意痛懲,凡為文新文者,一切棄黜。時體為之一變,歐陽之功也。」嘉祐二年(1057),歐陽脩主持禮部考試,對於險怪雕琢之文和當時流行的太學體,一概不取。這表現了歐陽脩的見識和勇氣,李燾《續資治通鑑長編》卷一八五載:「及試榜出,時所推譽,皆不在選。囂薄之士,候修晨朝,群聚詆斥之,至街司邏吏不能止;或為《祭歐陽脩文》投其家,卒不能求其主名置於法。然文體自是亦少變。」這需要巨大勇氣,幾乎有點冒天下之大不韙了。事實證明,歐陽脩主持的這次進士考試,是科舉史上最為光彩的一頁。榮登該榜的著名人物有:曾鞏、蘇軾、蘇轍,此三人在唐宋八大家中占了三席;理學大家程顥、張載。此外尚有北宋時朝廷大員,如曾布、呂惠卿,後來都是新黨中炙手可熱的人物。蘇氏二兄弟在當時名不見經傳,家庭又沒有地位,父親蘇洵是一介白丁,又來自當時相當偏僻的蜀中地區,歐陽脩選拔蘇軾,絕對是中國文化史上的一段佳話。歐氏在讀到蘇軾的應試文章《刑賞忠厚之至論》,大加讚賞,楊萬里《誠齋詩話》載:

　　歐公知舉,得東坡之文驚喜,欲取為第一人。又疑為門人曾子固之文,恐招物議,抑為第二。坡來謝,歐公問:「皋陶曰:殺之,三;堯曰:宥之,三。見何書?」坡曰:「事在《三國志·孔融傳注》。」歐閱之,無有。他日再問坡,坡云:「曹操以袁熙妻賜子丕。孔融曰:『昔武王以妲

己賜周公。』操問：『何經見？』融曰：『以今日之事觀之，意其如此。』堯、皋之事，某亦意其如此。」歐退而大驚曰：「此人善讀書，善用書，他日文章必獨步天下。」

蘇軾晚年回憶這件事亦謂：「昔吾舉進士，試名於禮部，歐陽文忠公見吾文曰：「『此我輩人也，吾當避之。』」這裡我們可以看到一位大宗師的求賢若渴和獎掖英才的宏闊氣度。東坡沒有辜負座師的期望，後來他的文章果然獨步天下，終成大氣候。歐、蘇二人可謂惺惺相惜，在他們的共同努力下，有宋一代的文章盛極一時，並沾溉後世。

第三章
曾鞏及其曾氏兄弟的古文

第一節 ▶ 曾鞏的散文創傷

曾鞏（1019-1083），字子固，建昌南豐（今屬江西）人，世稱南豐先生。嘉祐二年（1057）進士。召編校史館書籍，遷館閣校勘、集賢校理並實錄檢討官。後出朝，歷任知齊州、襄州、洪州、福州等，所到之處，皆政績卓著，稱為一時能吏。《宋史》本傳載：「鞏負才名，久外徙，世頗謂偃蹇不偶。一時後生輩鋒出，鞏視之泊如也。」後來神宗賞識他的才華，遂留朝任職，拜中書舍人，翰林學士。史稱：「鞏性孝友，父亡，奉繼母益至，撫四弟、九妹於委廢單弱之中，宦學昏嫁，一出其力。為文章，上下馳騁，愈出而愈工，本原《六經》，斟酌於司馬遷、韓愈，一時工作文詞者，鮮能過也。少與王安石游，安石聲譽未振，鞏導之於歐陽脩，及安石得志，遂與之異。」

相比而言，在唐宋八大家中，曾鞏大概是最不引人注目的一位。他的文名比不上韓、柳、歐、蘇（軾）。官職又沒有王安石和蘇轍顯赫，只有一位蘇洵，二人文名差不多，曾鞏的官職要比蘇洵大得多。但是三蘇連稱，這種集體效益，也是曾鞏不具備的。曾鞏兩個弟弟曾布、曾肇，都是北宋時期的重要官員，曾布

官宰相，曾肇也任翰林學士、吏部侍郎等要職。曾氏兄弟在官場上的地位並不輸於蘇氏兄弟，只是文名沒有蘇氏兄弟那麼大。

在曾鞏的一生中，歐陽脩對他的影響最大，他也最景仰歐氏，在《上歐陽學士第二書》中寫道：「伏以執事好賢樂善，孜孜於道德，以輔時及物為事，方今海內未有倫比。其文章、智謀、材力之雄偉挺特，信韓文公以來一人而已。」這種評價不僅局限於文章方面，還包括歐氏的智謀、品德和獎掖後進。

歐陽脩對他的影響是全方位的，在歐門眾多弟子中，曾鞏是最早受到歐陽脩欣賞的學生。對於歐氏對自己的影響，曾鞏在《祭歐陽少師文》中說：「聞訃失聲，皆淚橫溢。戀冥不敏，早蒙振拔。言由公誨，行由公率。」有許多弟子是因為歐陽脩主持考試，考上進士，成了門生，如蘇氏兄弟便如此。在考試之前，他們並不認識。而曾鞏則是歐氏的及門弟子，多年跟隨學寫文章。在曾鞏的文集中，有些文章是奉老師之命而作，如《醒心亭記》。作此文時，曾鞏是以諸生的身份，在歐陽脩身旁學習古文寫作。此文與歐陽脩的《豐樂亭記》的結構和行文有相似之處，可以看成是歐陽脩指導下創作的優秀作品。另一方面，歐陽脩也十分器重曾鞏，慶曆二年（1042）曾鞏應試落第，回故鄉南豐，作《送曾鞏秀才序》：

　　廣文曾生，來自南豐，入太學，與其諸生群進於有司。有司斂群材，操尺度，概以一法，考其不中者而棄之。雖有魁壘拔出者，其一累黍不中尺度，則棄不敢取。幸而得良有司，不過反同眾人歎嗟愛惜，若取捨非己事者，誘曰：有司

有法，奈不中何！有司固不自任其責，而天下之人亦不以責有司，皆曰：其不中，法也。不幸有司尺度一失手，則往往失多而得少。嗚呼，有司所操果良法邪？何其久而不思革也。

況若曾生之業，其大者固已魁壘，其於小者亦可以中尺度，而有司棄之，可怪也。然曾生不非同進，不罪有司，告予以歸，思廣其學而堅其守。予初駭其文，又壯其志。夫農不各歲而菑播是勤，其水旱則已，使一有獲，則豈不多邪？

曾生橐其文數十萬言來京師，京師之人無求曾者，然曾生亦不以干也。予豈敢求生，而生辱以顧予。是京師之人既不求之，而有司又失之，而獨餘得也。於其行也，遂見於文，使知生者可以弔有司，而賀餘之獨得也。

曾鞏參加進士考試，結果落第，歐陽脩認為以曾鞏的才學和文采出眾，理應考上進士，而主管考試的官員卻沒有錄取他。作者為曾鞏叫屈，是因為像曾鞏這樣的難得的人才，居然沒有錄取進士，這不是曾鞏的不幸而是制度的問題。所以作者驚呼為咄咄怪事！由此可見，歐氏十分欣賞曾鞏。我們知道，科舉制度自然有許多的弊病，但有一點，它在程式方面上還是公正的。在考試過程中，考官的個人喜好，或者考生的個人發揮都可能影響考試的結果。作者認為，曾鞏作為考生才華太突出了，有偏見的考官或者個人臨場發揮都不能成其為落第的理由，因為他的水準顯然高出其它普通考生幾個檔次。這一條的確顯示出科舉考試的不確定性，這也是歷代士人批評考試制度的重要根據。

曾肇在為曾鞏所作的《行狀》中說：

> 公生而警敏，不類童子，讀書數百千言，一覽輒誦。年十有二，日試六論，援筆而成，辭甚偉也。未冠，名聞四方。是時宋興八十餘年，海內無事，異材間出。歐陽文忠公赫然特起，為學者宗師。公稍後出，遂與文忠公齊名，自朝廷至閭巷海隅障塞，婦人孺子皆能道公姓字，其所為文，落紙輒為人傳去，不旬月而周天下。學士大夫手抄口誦，惟恐得之晚也。

為亡兄作行狀，其中難免有些溢美之辭，不過在歐陽脩之後，最早享有文名的人的確是曾鞏。王安石進士及第早於曾鞏，但文學才情之名，則要晚於曾鞏。三蘇成名在嘉祐之後，更比王安石晚。以唐宋八大家顯名的諸人，都有鮮明的儒家色彩，都提倡宗經明道，儒家正統色彩是曾鞏散文的重要特徵。

《筠州學記》強調德行教育的重要性，他對漢人重儒學、重德行表示景仰，而對當時以文章取士，則頗有微詞，說：「今之士選用文章，故不得不篤於所學，至於循習之深，則得於心者，亦不自知其至也。由是觀之，則上所好，下必有甚焉。」又提出以儒家修身之法來教導士子：「夫《大學》之道，將欲誠意正心修身，以治其國家天下，而必本於先致其知。」這一前提就是要致知，所以要辦教育，教育的目的則是修齊治平。

他作《菜園院佛殿記》有感於佛徒的虔誠，說：

吾觀佛之徒，凡有所興作，其人皆用力也勤，刻意也專，不肯苟成，不求速效，故著以小致大，以難致易。而其所為，無一不如其志者，豈獨其說足以動人？其中亦有智者也。……至於世儒，習聖人之道，既自以為至矣。及其任天下之事，則未嘗有勤行之意，堅持之操。少長相與語曰：「苟一時之利耳，安能必行世百年，為教化之漸，而待久之功哉？」相熏以此，故曆千餘載，雖有賢者，未可以得志於其間也。由是觀之，反不及佛之學者遠矣。則彼之所以盛，不由此之所自守者衰歟？與之記，不獨以著其能，亦愧吾道之不行也已！

韓愈作為正統的儒家學者，力斥佛老，尤其對佛教攻擊尤力，曾說要「人其人，廬其居，火其書」。相對而言，雖然曾鞏也很正統，但對佛學的態度卻要開明得多。他通過佛徒以十餘年之功，虔誠地修佛殿，看到了佛徒不達目的誓不甘休的堅韌不拔精神風貌，作者對這一精神表示讚賞。由此他聯想到世儒因循守舊，不思進取，辦事馬虎的弊端。作者顯然有感於當時官府的苟且的衙門風氣。作者以儒家正統自居，但他通過對比看出世儒的毛病，希望改正這一毛病，這是作者作記的目的，並非他認同佛教。記佛家的殿堂，而涉及儒家問題，作者正是無時不忘記自己的儒生身份。

曾鞏對佛教是有排斥的，但並非必欲滅之而後快。他維護儒家正統地位，對佛教耗費才力，頗有微詞。且看《鵝湖院佛殿記》：

信州鉛山縣鵝湖院佛殿成，僧紹元來請記，遂為之記曰：自西方用兵，天子宰相與士大夫勞於議謀，材武之士勞於力，農工商之民勞於賦斂。而天子嘗減乘輿掖庭諸費，大臣亦往往辭賜錢，士大夫或暴露其身，材武之士或秉義而死，農工商之民或失其業。惟學佛之人不勞於謀議，不用其力，不出賦斂，食與寢自如也。資其宮之侈，非同則民力焉，而天下皆以為當然，予不知其何以然也。今是殿之費，十萬不已，必百萬也；百萬不已，必千萬也；或累累而千萬之不可知也。其費如是廣，欲勿記其日時，其得邪？

此文算是一篇奇文，某佛殿建成，主事的和尚請撰文記事。照理別人請你寫文章，總得說些好話，而作者並未像普通的記敘文章，記載廟宇的建築過程，盛讚廟宇的宏偉壯麗，或彰顯佛徒的虔誠禮拜。而是大談社會各階層因為西部邊陲的戰事而功勞國事，只有僧人優哉游哉，不僅如此，還耗費大量錢財大修佛殿。這裡，作者抑佛的傾向還是很明顯的，衛道的氣息頗為濃厚。

《宜黃縣縣學記》是作者應宜黃知縣李某邀請而作。

宜黃原本沒有縣學，李某到任後，建縣學。作者在文中強調學習的重要性，說：「蓋凡人之起居飲食動作之小事，至於修身為國家天下之大體，皆自學出，而無斯須去於教也。」受教育的是儒生，而他們接受的教育自然是正統的儒家學術思想。作者說：

雖古之去今遠矣，然聖人之典籍皆在，其言可考，其法

可求。使其相與學而明之，禮樂節文之詳，固有所不得為者。若夫正心修身，為國家天下之大務，則在其進之而已。

學習內容是聖人典籍，學習目的是正心修身，為國家大務則是從政為官。這可以說是當時辦官學的目的。宋朝重文化，尤重辦學。宋仁宗時屢次下詔，在全國範圍內辦官學，而且規定官學要招收一定數量的平民子弟。甚至朝廷太學也要招收一定名額的品學兼優的平民。據《宋史‧職官志》載：慶曆四年，詔「諸路、州、軍、監各令立學。學者二百人以上許更置縣學。自是州郡無不有學。」在這樣的背景之下，宜黃也辦起了縣學，對普及當地的教育，提高士子的水準，尤其是儒學方面的素養無疑是有積極作用的。本文可謂典型反映了時人對官學的看法，以及當時辦學目標。

曾鞏對人物的評價，也恪守儒家的價值標準。比如他所作《徐孺子祠堂記》，對徐孺子表示景仰：

孺子於時，豫章太守陳蕃、太尉黃瓊辟皆不就。舉有道，拜太原太守，安車備禮，召皆不至。蓋忘己以為人，與獨善於隱約，其操雖殊，其志於仁一也。在位士大夫，抗其節於亂世，不以死生動其心，異於懷祿之臣遠控制鍵。然而不屑去者，義在於濟物故也。孺子嘗謂郭林宗曰：「大木將傾，非一繩所維，何為棲棲不遑寧處？」此其意亦非自足於丘壑，遺世而不顧者也。孔子稱顏回：「用之則行，舍之則藏，惟我與爾有是夫。」孟子亦稱孔子，可以進則進，可以

止則止，乃所願則學孔子。

　　曾鞏寫此文時，知洪州，相當於現在的南昌市長。徐稚是東漢末年著名的隱士，朝廷屢次徵召他為官，都推辭了。當時與他齊名的郭泰（林宗）曾有起意仕進，他寫信勸郭泰打消了出仕的主意。郭泰說：「謹拜斯言，以為師表。」曾鞏在此說徐孺子「此意亦非自足於丘壑，遺世而不顧者也」，是有道理的。徐孺子並非忘懷現實者，只是當時政治狀況太黑暗，仕途十分兇險。東漢末年有一群富有獻身精神的清流之士，他們與惡勢力做殊死的鬥爭，不屈不撓，後來都慘遭迫害，如陳蕃、李膺、范滂等士林領袖，皆被宦官殺害。顧炎武《日知錄》卷一七云：

　　　　漢自孝武帝表章六經之後，師儒盛而大義未明，故新莽居攝，頌德獻符者遍於天下。光武有鑑於此，故尊崇節義，敦厲名實，所常用者莫非經明行修之人，而風俗為之一變。至其末造，朝政昏濁，國事日非，而黨錮之流，獨行之輩，依仁蹈義，捨命不渝。風雨如晦，雞鳴不已。三代以下，風俗之美，無尚於東京者！

　　顧炎武極力推崇東漢士人的氣節和當時風俗，固有痛感明末士人變節降清的現實慨歎，但的確深刻揭示了東漢士人的高尚氣節的精神實質。

　　曾鞏也對東漢黨人的氣節和勇氣表示敬佩，依照儒家的標準，陳蕃一類的官員和徐稚一類的隱士都值得讚揚。所以他在為

徐稚祠堂作記時對東漢黨人也同時予以表彰，他認為在當時出仕和隱居都有道理。

他長期擔任地方官員，也有上佳的政績，比如知洪州時：「會江西歲大疫，鞏命縣鎮亭傳，悉儲藥待求。軍民不能自養者，來食息官舍，資其食飲衣衾之具，分醫視診。……師征安南，所過州為萬人備，他吏暴誅亟斂，民不堪。鞏先期區猝集，師去市里不知。」（《宋史》本傳）又林希為他所作墓誌銘，歷數他在地方上的政績甚詳。如言知齊州時：

> 齊俗悍，喜攻劫，豪宗大姓多違法。曲堤周氏世姓衣冠，以資雄里中。其子潛橫，至賊殺平人，州縣莫敢詰。公至首置之法。曆城章丘民聚黨數十百人，椎埋盜奪橫行，無敢正視者。公禽致，悉黥徙之。弛無名渡錢，為橋以濟往來。是時州縣未屬民為保伍，公獨行之。設方略，明賞購，急追捕，且開人自言，盜發輒得。由是奸寇屏跡，民外戶不閉，道至不拾遺。

林希是王安石新黨中的重要成員，言其行保伍之法是為新法張目，曾鞏弟曾布則因是新黨重要成員而拜相，林希為曾鞏作墓誌銘，可能與曾布有關係。其實曾鞏對新法的態度與其師歐陽脩一樣，大不以為然。不過文中言曾鞏壓制豪強的政績，大抵可信。

曾鞏對政績卓著的官員都表示極大敬意，如作《越州趙公救災記》，表彰知越州趙抃在大旱之時採取有力措施，使老百姓在

大災之年不至於流離失所。曾鞏當時為越州通判，是趙抃的助手，也參加了這次救災。作者在列舉趙抃採取各種措施之後，說：「法，廩窮人，盡三月為止，是歲盡五月而止。事有非便者，公一以自任，不以累其屬。有上請者，或便宜輒多行，公於此時，蚤夜疲憊，心力不少懈，事細巨必躬親。給病者藥食，多出私錢；民不幸罹旱疫，得免於轉死。雖死，得無失斂埋，皆公力也。」不惜動用自己的私錢來救災，這種官員無疑值得表彰。施仁政於民，是儒家的政治理想，作者正以此作為評價官吏的標準。

　　熙寧八年（1075），他在知襄州任上，作《襄州宜城縣長渠記》，追記至和二年（1055）宜城縣令孫永率民修長渠的事蹟，盛稱此舉造福於民：

　　　　蓋鄢水之出西山，初棄於無用，及白起資以禍楚，而後世賴其利。酈道元以謂溉田三千餘頃，至千有餘年，而曼叔（孫永字）又舉眾力而複之，使並渠之民，足食而甘飲，其餘粟散於四方。蓋水出於西山諸穀者其源廣，而流於東南者其勢下，至今有餘年，而山川高下之形勢無改，故曼叔得因其故跡，興於既廢，使水之泥石流，與地之高下，一有易於古，則曼叔雖力，亦莫能復也。

當大旱之年，「獨長渠之田無害」，得利於孫永率民興修水利，造福於民，這種官員自然值得表彰。

　　曾鞏出仕之初，曾召編史館書籍，任館閣校勘等職，又曾任

史官。他是北宋時期重要的文獻學家，整理舊典多種。所作《目錄序》十餘種，皆是目錄學中的傑作。這些文章說明版本來源，目次篇章，以往目錄書對該書的著錄情況，作者進一步發表對這些書的內容的評價，這些評價很能代表曾氏的學術思想。他曾整理漢代著名學者劉向的《新序》一書，作《新序目錄序》該文開首即言存書情況：「劉向所集次《新序》三十篇，目錄一篇，隋唐之世，尚為全書，今可見者十篇而已。臣考正其文字，因為其序。」

在文章中系統表述了自己對學術史的看法：「古之治天下者，一道德，同風俗，蓋九州之廣，萬民之眾，千歲之遠，其教已明，其習已成之後，所守者一道，所傳者一說而已。」這種說法並沒有真實的歷史依據，而只是後世儒生的一種理想。準確地說是董仲舒的理想，以這種理想為依據，他們想像上古時代的聖王時代也理應如此。這種理想，具有濃鬱專制主義的色彩，但在當時卻是一種共識。以此為據，他進而論道：「故《詩》、《書》之文，歷世數十，作者非一，而言未嘗不相為終始，化之者如此其至也。當是之時，異行者有誅，異言者有禁，防之又如此其備也。故二帝三王之際，及其中間嘗更衰亂，而餘澤未熄之時，百家眾說，未有能出於其間者也。」這也是儒生一廂情願的解說，事實並非如此。作者所謂《詩》、《書》歷世數十，作者非一，此非虛言，但是《詩》、《書》所賦予的儒家色彩，則是後世詮釋的結果，而並非是原本的色彩。尤其像《詩經》內容，儒生的解說多半穿鑿附會，沒有幾首說對了的。曾鞏認為百家眾說的情況是後來才有的：

　　及周之末世，先王教化法度既廢，餘澤既熄，世之治方術者蓋得其一偏。故奮其私智，家尚其私學者，蜂起於中國，皆明其所長而昧其所短，矜其所得，而諱其所失。天下之士各自為方而不能相通，世之人不復學之有統，道之所歸也。先王之遺文雖在，皆紬而不講，況至於秦為世之所大禁哉。

　　中國的學術史，可以說在春秋之前已無考，儒家學者的推測都是沒有根據的，而最早可考的學術活動恰恰顯示出百家爭鳴的活躍狀態。只是到了漢武帝時期，採納儒生董仲舒的意見，「罷黜百家，獨尊儒術」，儒學才取得主流話語的地位，孔孟之道被改造成統治意識形態。取得了統治權的儒學，自然提倡學術一統。其實這是專制主義的學術思想，很難說對中國學術發展有好的作用。他以儒家思想為標準，對《新序》此書有褒有貶。他說：「如向之徒，皆不免乎為眾說之所蔽，而不知有折衷者也。孟子曰：待文王而興者，凡民也。豪傑之士，雖無文王猶興。漢之士豈特無明先王之道以一之者哉？……蓋向之序此書於今為最近古，然遠至舜禹，而次及於周秦以來，古人之嘉言善行，亦往往而在也，要在慎取之而已。」符合儒家之道的便是其書之精華，而違背此道的乃為糟粕，評價標準十分明確，當然也就顯得狹窄。以此為准的，所以告誡讀者要「慎取之」。

　　又《梁書目錄序》，專門攻擊佛學之妄，具有明顯的攘斥佛學的傾向：

自先王之道不明，百家並起，佛最晚出，為中國之患，而在梁為尤甚，故不得而不論也。蓋佛之徒，自以為吾之所得者內，而世之論佛者皆外也，故不可詘。雖然彼惡睹聖人之內哉？

作者強調，佛教得乎內之說是片面的：

　　聖人者道之極也，佛之說其有以易此乎？求其有以易者，故其所以為失也。夫得於內者，未有不可行於外者也；有不可行於外者，斯不得於內矣。《易》曰：「智周乎萬物而道濟乎天下，故不過。」此聖人所以兩得之也。知足以知一偏，而不足以盡萬事之理；道足以為一方，而不足以適天下之用，此百家之所以兩失也。佛之失，其不以此乎？則佛之徒，自以謂得諸乎內者，亦可謂妄矣。

　　為《梁書》作提要，居然有這麼一番大議論，斥佛本來與史書作序是風馬牛不相及的事，作者言其作文目的說：「夫學史者，將以明一代之得失也，臣等故因梁之事，而為著聖人之所以得，及佛之所以失。以傳之者，使知君子之所以距佛者。」說得很明確，就是要明聖人之道，從而排擠異端。
　　他對《戰國策》評價，也是以孔孟之道來加以衡量，先稱讚孔孟能恪守先王之法：「夫孔孟之時，去周之初已數百歲，其舊法已亡，舊俗已熄滅久矣。二子乃獨行先王之道，以謂不可改者，豈將強天下之主以後世之所不可為哉？」以此為標準，戰國

策士之言論自然不足為訓：

> 戰國遊士則不然，不知道之可信，而樂於說之易合，其
> 設心注意，偷為一切之計而已。故論作之便而諱其敗，言戰
> 之善而蔽其患，其率而為之者，莫不有利焉，而不勝其害
> 也；有得焉，而不勝其失也。卒至蘇秦、商鞅、孫臏、吳
> 起、李斯之徒以亡其身，而諸侯及秦用之者亦亡其身，其為
> 世之大禍明矣。

既然戰國策士之說哪些不可取，那麼肯定有人會問：「邪說
之害正也，宜放而絕之，則此書之不泯，其可乎？」這頗有文化
專制主義意味的詰問，是基於這樣一種認識，既然不符合孔孟之
道的標準，不能以邪害正，不能貽毒後世，謬種流傳，所以應該
毀掉。那麼作為衛道的曾鞏如何回答這一問題？他說：

> 君子之禁邪說也，固將明其說於天下，使當世之人皆知
> 其說之不可為，然後以戒，則明，豈必滅其籍哉？

頗有作為反面教材的意思。曾鞏這類文章具有論辨色彩，其
特點不似蘇洵、蘇軾父子的文章，縱橫議論，視角新穎，雄奇善
辯，而是堂皇正大，典雅莊重。好似一個嚴謹而博學的老儒，言
論皆有規矩，但並不迂腐。原因在於他是個通儒，不違背經義，
但不死守章句之學。他對儒學有自己的理解，但並不標新立異。
明人趙師聖《南豐先生文集》，對曾鞏文章的正統色彩予以很高

的評價：

> 其《元豐類稿》言近旨遠，大者衷於謨訓，而小者中於
> 尺度。至論古今治亂得失，是非成敗，人賢不肖，以及彌綸
> 當世之務，斟酌損益，必本六經，衛道之心，實與昌黎、永
> 叔相表裡，非僅以文章名後世也。後之君子讀子固之文而得
> 歐陽子之志，為韓子當年抵排異端，張惶幽眇之深心。

就其當時的價值體系而言，這種理解是準確的。曾鞏文章崇
聖宗經的特點，對後世有很大影響，應考舉子常以曾文作範本。

第二節 ▶ 曾鞏散文的藝術成就

曾鞏散文講究章法，以結構嚴整著稱。《唐論》是著名的史
論文章，極講究章法。此文主寫唐太宗的政績，以及與先王相
比，又有其不足之處。文章起首即言：「成康歿而民生不見先王
之治，日入於亂，以至於秦，盡除前聖千載之法。」按照儒家之
論，在成康之後，先王之法逐漸在君主那裡消亡。在成康之前，
三代先王如夏商周時的開國君主都是「內聖外王」的典範，是理
想的君主統治下的理想時代。成康之後，君主大多外王而非內
聖。成康之前是文武二王，自然是聖王，成王時期由聖人周公輔
政，自然尚行先王之法。周康王時仍稱大治，當是先王餘澤未
熄。後來西周政治每況愈下，也就距先王之治愈來愈遠了。然
後，作者歷數自秦至唐歷代政治狀況。在唐之前，漢代享國最

久，作者說：漢代「多用秦法，其改更秦事，亦多附己意，非仿先王之法而有天下之志也。」惟有天下之志者，是漢文帝，但漢文帝仍然不能效法三代。漢亡之後，天下大亂，晉和隋雖然短暫地統一過中國，但要麼很快分裂，要麼很快滅亡，都不足論。文章寫到此，可謂環環相扣，沒有一句多餘的話。由此，作者很自然地過渡到敘述太宗業績：「代隋者唐，更十八君，垂三百年，而其治莫盛於太宗之為也。」作者以通觀歷史的大視角，將西周之後的歷朝政治狀況的得失都做了個比較，由此得出這一結論應該是可信的。

作者接著從三方面考察太宗的業績，先言其治理天下的志向，所謂「詘己從諫，仁心愛人，可謂有天下之志」，這裡從文脈來看，緊扣前文聖君「必有天下之志」的論斷，先後呼應。再言太宗治理天下的才能，列舉了太宗採取的一些措施，比如：「以租庸調任民，以府衛任兵，以職事任官，以興義任俗，以尊本任眾」，一系列的排比句，歸納極為精到貼切，文章顯得矯健有力。然後再言治理天下的效果：「行之數歲，粟米之賤，鬥至數錢，居者有餘蓄，行者有餘資，人人自厚，幾致刑措，可謂有治天下之效」。三條的關係層次分明，既相互關聯，又有遞進關係。有治理天下的志向，才能採取有力措施，只有措施得力，才能取得良好的效果。這段敘述性文字，文采斐然，多用對偶句。如：「民有農之實，而兵之備存，有兵之名，而農之利在；事之分有歸，而祿之出不浮，材之品不遺，而治之體相承。」對偶工整，文章平添幾分文采。

唐太宗的業績可稱輝煌，但作者認為以先王之法來衡量，尚

有不足之處：

> 夫有天下之志，有天下之材，又有天下之效，然而不得
> 與先王並者，法度之行，擬之先王未備也；禮樂之具，田疇
> 之制，庠序之教，擬之先王未備也。躬親行陣之間，戰必
> 勝，攻必克，天下莫不以為武，而非先王之所尚也；四夷萬
> 里，古所未及以政者，莫不服從，天下莫不以為盛，而非先
> 王之所務也。太宗之為政於天下者，得失如此。

所謂的三代先王之政，其實與唐太宗的業績沒有可比性。一
是三代文獻至今語焉不詳，我們無法知道三王的政績如何；再，
即使三王的業績能夠為我們所知曉，大概其政治成就恐怕也難與
太宗比肩。曾鞏的老師歐陽脩在《新唐書・太宗紀贊》中說：
「盛哉！太宗之烈也！其除隋之亂，比跡湯、武；致治之美，庶
幾成康。自古功德兼隆，由漢以來，未之有也。」這段話也將唐
太宗與三代聖王相比，似乎比曾鞏之說要更開明，對太宗的評價
更高。這大概因為歐陽脩的道統意識比曾鞏要淡薄。這篇文章囿
於儒家正統之見，以儒家所描繪的具有明顯烏托邦色彩的政治理
想而論，唐太宗的業績的確尚有欠缺。作者所謂「禮樂之具，田
疇之制，庠序之教」，是儒家特別注重的制度，而這一制度倘若
以一本大有問題的《周禮》為據，那麼任何時代都難以實現那些
制度。這些內容性的問題非常複雜，這裡不擬討論，從作文的角
度而言，此文結構至為嚴整，很能體現曾文的特點。

我們再以一篇記敘文《墨池記》為例，文不長，茲錄於下：

　　臨川之城東，有地隱然而高，以臨於溪，曰新城。新城之上，有池窪然而方以長，曰王羲之之墨池者，荀伯子《臨川記》云也。羲之嘗慕張芝，臨池學書，池水盡黑，此為其故跡，豈信然邪？方羲之之不可強以仕，而嘗極東方，出滄海，以如其意於山水之間，豈其徜徉肆恣，而又嘗自休於此邪？羲之書晚乃善，則其所能，蓋亦以精力自致者，非天成也。然後世未有能及者，豈其學不如彼邪？則學固豈可以少哉！況欲深造道德者邪？

　　墨池之上，今為州學舍，教授王君盛恐其不章也，書「王右軍墨池」之六字於楹間以揭之，又告於鞏曰：「願有記。」推王君之心，豈愛人之善，雖一能不以廢，而因以及乎其跡邪？其亦欲推其事以勉學者邪？夫人之有一能，而使後人尚之如此，況仁人莊士遺風餘思，被於來世如何哉？

　　此文先寫墨池的方位及所處位置，文字簡要而精練。接著引用《臨川記》所載，言其名的來歷。寫到這裡，作者提出一個問題：「豈信然哉？」說是王羲之的遺跡，作者看來還是有所保留的。這是作者在文中提出的第一個問題，然後能通過史實證明王羲之不可能在此長期逗留，又提出一個問題：「而又嘗自休於此」，這裡用反詰口吻，其實是對上一問題的解答。作者讚揚王羲之勤學苦練，得出結論是：「學固豈可以少哉！」進而說：「況欲深造遺德者邪？」又以一個問句結束上文。這一問似乎與上文聯繫不是十分密切，但它是鉤通下文，從而點明寫作主旨的重要過渡。

既然這不是王羲之的遺跡，那麼這篇文章便沒有寫作的價值了，作者為何還要作此文呢？因為縣學教授王君亦欲以王羲之之事來勉勵學生勤奮學習，而且作者強調要修養道德，書法只是一技之長，猶能受人尊重，何況道德高尚的人呢？至此，作者作文的主旨便和盤托出，文章也戛然而止。文章多處用問句，起到轉折的作用。層層推進，條理非常分明。

　　曾鞏文章以說理見長，且看《書魏鄭公傳》：

　　　　余觀太宗常屈己以從群臣之議，而魏鄭公徒，喜遭其時，感知己之遇，事之大小，無不諫諍，雖其忠誠所自至，亦得君以然也。則思唐之所以治，太宗之所以稱賢主，而前世之君不及者，其淵源皆出於此也。能知其有此者，以其書存也。及觀鄭公以諫諍事付史官，而太宗怒之，薄其恩禮，失終始之義，則未嘗不反復恨其不思，而益知鄭公之賢焉。

　　　　夫君之使臣，與臣之事君者何？大公至正之道而已矣。大公至正道，非滅人言以掩己過，取小亮以私其君，此其不可者也。又有甚不可者，夫以諫諍為當掩，是以諫諍為非美也，則後世誰復當諫諍乎？況前代之君有納諫之美，而後世不見，則非惟失一時之公，又將使後世之君，謂前代無諫諍之事，是啟其怠且忌矣。太宗末年，群下既知此意而不言，漸不知天下之得失。至於遼東之敗，而始恨鄭公不在世，未嘗知其悔之萌芽出於此也。

　　　　夫伊尹、周公何如人也？伊尹、周公之諫切其君者，其言至深，而其事至迫也。存之於書未嘗掩焉。至今稱太甲、

成王為賢君，而伊尹、周公為良相者，以其書可見也。令當時溷而棄之，成區區之小亮，則後世何所據依而諫，何以知其賢且良歟？桀、紂、幽、厲、始皇之亡，則其臣之諫詞無見焉，非其史之遺，乃天下不敢言而然也。則諫諍之無傳，乃此數君之所以益暴其惡於後世而已矣。

或曰：「《春秋》之法，為尊親賢者諱，與此異也。」夫《春秋》之所諱者，惡也，納諫諍豈惡乎？「然則焚稿者非歟？」曰：焚稿者誰歟？非伊尹、周公為之也，近世取區區之小亮者為之耳，其事又未是也。何則？以焚其稿為掩君之過，而使後世傳，則是使後世不見稿之是非，而必其過常在於君，美常在於己也，豈愛其君之謂歟？孔光之去其稿之所言，其在正邪，未可知也，其焚之而惑後世，庸詎知其非謀己之奸計乎？或曰：「造辟而言，詭辭而出，異乎此。」曰：此非聖人之所曾言也。令萬一有是理，亦謂君臣之間，議論之際，不欲漏其言於一時之人耳，豈杜其告萬世也。

噫！以誠信持己而事其君，而不欺乎萬世者，鄭公也。益知其賢云，豈非然哉！豈非然哉！

魏鄭公即唐太宗時大臣魏徵。本文是作者閱讀《舊唐書‧魏徵傳》後寫的讀後感。魏徵敢言直諫，又幸運地遇上了從諫如流的唐太宗。《新唐書‧魏徵傳》曾載唐太宗與魏徵的一段對話：

徵頓首曰：「願陛下俾臣為良臣，毋俾臣為忠臣。」帝曰：「忠、良異乎？」曰：「良臣，稷、契、咎陶也；忠臣，

龍逢、比干也。良臣，身荷美名，君都顯號，子孫傳承，流祚無疆；忠臣，已嬰禍誅，君陷昏惡，喪國夷家，祇取空名。此其異也。」帝曰：「善。」因問：「為君者何道而明，何失而暗？」徵曰：「君所以明，兼聽也；所以暗，偏信也。堯舜氏辟四門，明四目，達四聽。雖有共、鯀，不能塞也；靖言庸違，不能惑也。秦二世隱藏其身，以信趙高，天下潰叛而不得聞；梁武帝信朱异，侯景向闕而不得聞；隋煬帝信虞世基，賊遍天下而不得聞。故曰：君能兼聽，則奸人不得壅蔽，而下情通矣。

這段話非常有名，歷代史家都以此來證明唐太宗的政績很大程度上是因為他聽從了魏徵的勸諫，虛心納諫，故有貞觀之治的成功。魏徵以直諫為己任，所以成為一代名臣。曾鞏在此還是寄寓當時士人一種政治理想，這就是聖君賢臣的政治治理模式。在一個集權的人治社會裡，君主的賢明無疑是政治開明的標誌。而賢明的標準則是君主是否能從善如流，虛心納諫。文章開頭即言「太宗屈己以從群臣之議」，而以魏徵為首的眾臣則「感知己之遇，事之大小，無不諫諍」，太宗賢主的名號自然不是浪得虛名。通篇即以此發端，由此延伸，說明納諫事關「大公至正之道」，為人君者當以納諫為要務，而為人臣者則以諍諫為要根本。賢臣伊尹、周公勇於切諫其君，故為良相，也是太甲、成王成為賢君的原因。文章至此，又聯繫到史書記載君臣事蹟，所謂「不虛美，不隱惡」，實事求是地記錄君主的善惡，使賢良君主和輔佐賢臣，賢良之名傳世，而將暴虐君主之惡傳於後世。其目

的還是以史為鑒。魏徵曾請求以諫諍之事付之史官，這使得唐太宗不高興，文至此愈發顯得魏徵的賢明以及太宗的不足。最後作者的結論是「以誠信持己而事其君，而不欺萬世」，這是魏徵做臣子的境界，自然也是所有為臣的高境界。

　　文章環環相扣，說理充分。以諫諍和納諫作為衡量賢臣明君的標準，引經據典，加以說明，使這一論點尤其可信。作者以賢君和暴君作了對比，益加顯示納諫對於君主的重要性。史傳記載的本有懲惡揚善、警示後世的意義，所以魏徵要求史官記錄諫諍之事，符合大臣之風，當為後世風範。

　　文風紆徐，從容不迫，表現為儒士風度，是曾文又一大特點。我們且以《醒心亭記》為例：

　　　　滁州之西南，泉水之涯，歐陽公作州之二年，構亭曰豐樂，自為記以見其名之意。既又直豐樂之幾百步，得山之高，構亭曰醒心，使鞏記之。

　　　　凡公與州之賓客者遊焉，則必即豐樂以飲。或醉且勞矣，則必即醒心而望。以見夫群山之相環，雲煙之相滋，曠野之無窮，草樹眾而泉石嘉，使目新乎其所睹，耳新乎其所聞，則其心灑然而醒，更欲久而忘歸也。故即其所以然而為名，取韓子《北湖》之詩云。噫！其可謂善取樂於山泉之間，而名之以見其實，又善者矣。

　　　　雖然，公之樂，吾能言之。吾君優遊而無為於上，吾民給足而無憾於下，天下學者皆為材且良，夷狄鳥獸草木之生者皆得其宜，公樂也。一山之隅，一泉之旁，豈公樂哉？乃

公所以寄意於此也。若公之賢，韓子歿數百年，而始有之。今同遊之賓客，尚未知公之難遇也。後百千年，有慕公之為人，而覽公之跡，思欲見之，有不可及之歎，然後知公之難遇也。則凡同遊於此者，其可不喜且幸歟？而鞏也，又得以文詞託名公文之次，其又不喜且幸歟！

文章寫於仁宗慶曆七年（1047），歐陽脩時任知滁州，當時作者隨父親曾易占進京，途中經滁州拜訪歐氏，隨學古文，此文是應命而作。文章開首言醒心亭的來歷，並點出作文的原因。亭子的命名和作者作文都與歐陽脩有關。整篇文章寫醒心亭，其實都是圍繞歐陽脩著墨。首先寫亭子命名的經過以及作文的背景，歐陽脩構亭命名之後，令作者作文。再寫隨同歐氏遊山之樂，文章緊扣醒心，所謂「其心灑然而醒，更欲久而忘歸」，這一段寫得非常優美，文字舒緩，從容不迫。再次，寫歐公之樂「乃公寄意於此也」，而不僅僅是山泉之樂。然後盛讚歐公之賢，世所難遇，同遊之人當喜且幸也。這樣的讚美之詞，現在我們看來也很恰當。先寫歐公之樂，再寫同遊之樂，最後歸結到作者之樂。文脈極清晰，用筆極從容。

第三節 ▶ 曾肇的散文創作

曾肇（1047-1107）字子開，曾鞏幼弟，英宗治平四年（1067）進士，《宋史・本傳》稱：「肇天資仁厚，而容貌端嚴。自少力學，博覽經傳，為文溫潤有法。更十一州，類多善政。」

為官四十餘年，在朝直言勇諫，外放頗多善政。歷任吏、刑等部侍郎、中書舍人以及知州等職。《四庫全書·曲阜集》提要云：「案肇行狀，載所著《曲阜集》四十卷，外集十卷，奏議十二卷，邇英進故事一卷，《元祐外制集》十二卷，《庚辰外制集》三卷，內制集五卷，《尚書講義》八卷，《曾氏譜圖》一卷。」可見曾肇原是著述頗豐的學者，可惜著作大多散佚。今存《曲阜集》，為其裔孫，清人曾儵所輯。四庫館臣稱「所上奏議，如乞複轉對宣仁皇后受冊百官上壽、救韓維、繳王覿外任諸篇皆為史所稱述，今並在集中，可以考見大概。其制誥亦爾雅典則，得訓詞之體。雖深厚不及其兄鞏，而淵懿溫純，猶能不失家法。惜其全書已亡，如進元豐《九域志表》，為肇所撰，見於王應麟《玉海》，而集中亦無之，則其佳文之散失者固不少矣。」現存曾肇文集多為奏章札子一類的文章，皆立論謹嚴，頗富辭采，而且顯示出曾肇剛直勇諫的個性。如《上哲宗皇帝論韓維不當罷門下侍郎》：

　　前日輒違詔命，妄陳所見，退省僭冒，恭俟刑誅，不謂陛下赦其狂愚，特賜詔札，委曲誨諭，如父訓子。臣豈不知從命順旨為得理，逆命忤旨為有罪。然臣一門之內，世受國恩，陛下擢臣，備位近侍，保全長育，德澤深厚，臣倘貪於承命，懷不盡之心，致天下謂陛下聽決萬機，三年於此，辨別忠邪賞罰，功罪無不曲當，而獨於此有過舉之累，則臣之負國罪何可逃？臣之報君，義將安在？臣所以不避萬死之責，傾寫肺肝，冀有補於萬一也。

臣前奏乞令韓維指陳范百祿所為不正，非欲令維與百祿較正是非，止欲考核維之欺君與不欺君爾。若維所陳，皆中百祿之病，則是維為執政，敢為朝廷別白邪正是非，真得大臣之體。雖案牘不具，出於口奏，豈可謂之欺哉？若維所陳皆失事實，則其欺君罔上，事理灼然，明正典刑，人心自服。蓋執政大臣參預國論，其於論議臧否人物，不一一須形文字，但顧所言當與不當，推而行之，人心服與不服耳。豈以一無文字便謂之欺。惟是百官有司有所陳列，須具札子奏狀自達，非如執政大臣朝夕進見，故不得不然也。古者坐而論道，謂之三公，豈以具案牘為事哉？

　　今陛下責維徒口奏而已，遂以謂有欺君之意。臣恐命下之日，人心眩惑，以謂陛下以疑似之罪而逐大臣，恐於陛下盛德不為無損也。執政大臣自此以維為戒，無敢開口議論，臧否人物，君臣上下更為形跡，恐非陛下推赤心以待大臣之誼，亦非大臣展布四體以事陛下之道也。

　　夫執政大臣，天子之所禮貌，所以共安危治亂者也。古人以謂人主之尊如堂，群臣如陛，陛廉遠地則堂高，又言二千石尊重難犯，乃能使天下。夫二千石蓋一郡守耳，猶不可輕易去之，況陛下左右執政之臣，有堂陛之勢者乎？

　　臣蒙陛下厚恩，食朝廷厚祿，豈有私一韓維以負陛下？然臣拳拳不能自己者，為朝廷惜進退大臣之體爾。伏望陛下察臣心澄神熟慮，倘蒙採錄，乞如前奏施行，所有誥辭，未敢修撰。（卷一二）

　　執政大臣韓維在皇帝面前指陳大臣范百祿不正，皇帝認為一位執政大臣隨口指責另一位大臣，不用奏札的方式，很不嚴肅，有欺君之嫌，故罷其門下侍郎之職。曾肇在此之前曾上疏請求神宗撤銷此詔，皇帝不聽，作者再上此疏，請求朝廷撤回成命，否則自己也將不起草這一誥辭。當時作者任中書舍人知制誥，負責起草朝廷制文誥令。第一段，都是上疏時誠惶誠恐、皇恩浩蕩的套話，作者得心應手，極為流暢。接下來說明韓維之舉並無不當之處，作者認為問題不在於韓維用什麼方式指陳范百祿，而是韓維的指陳是否正確。如果韓維所言屬實，不僅不應受責備，而是「真得大臣之體」。因為沒有上奏札就是欺君，這種說法沒有道理，是不能成立的。再次，作者說明這樣處理大臣之間的爭端可能帶來的危害，可能使執政大臣鉗口結舌，不敢議論朝政，臧否人物。再一點，罷免執政大臣，是一件大事，朝廷不能輕率從事。最後作者又表明心跡，之所以上疏並非與韓維私交深厚，而是忠於皇帝的一片拳拳之心。對於這件事，《宋史‧曾肇傳》有載：「門下侍郎韓維奏范百祿事，太皇太后以為讒毀，出守鄧。肇言：『維為朝廷辨邪正是非，不可以疑似逐去。』不草制。」不草制，是公然違抗朝廷成命，這絕對需要勇氣。

　　此文可見作者的確敢言勇諫，文章也頗得奏札之體，典雅正氣而又冠冕堂皇，說理充分，無可挑剔。這是上給皇帝的奏疏，自然是傾心力作。再看一篇奏章：

　　　　臣伏見陛下發德音，下明詔，使人直言，勿有所諱。此堯稽眾、舜好問之盛德。先王立謗木諫鼓，詩人詢於芻蕘之

誼也，天下幸甚。臣竊以謂陛下惻怛詢訪之誠心，即已形於號令，則其於開導獎激，使人樂於盡忠獻納，亦須有術；況詔書已有「其言可用，朕則有賞」之文，則宜實其言以信天下。

臣伏聞治平四年，英宗皇帝踐祚之初，即求直言。尋又下詔，上書人所陳政體、時務、材識出眾者，命官特加甄擢；其次則賜詔書獎諭。布衣即令有司召問，條對有理，量才錄用，當時諮謀，勸誘如此其詳。至有朝上書，暮召對者；是以四方萬里，人人奮勉，爭竭腹心，惟恐在後。神宗皇帝，廣覽兼聽，片善必收，寸長必錄，斟酌損益，以修政事，故熙寧、元豐十九年間，百度修舉，功崇業巨。雖聰明睿智出於聖性，亦虛心採納群言之助也。

臣愚伏願陛下明諭輔臣，討尋治平四年之令，舉而行之，其上書言事，有合聖意者，速加旌勸，則遠近聞之，孰不感激。智者效其計，忠者獻其誠；陛下不出戶庭，而海內之情畢聞於上，不勝幸甚。（卷一二）

此文勸徽宗皇帝納諫，行文雅正簡煉，幾無多餘之言。前面盛讚皇帝下詔求諫為聖王之舉，作者將皇帝比擬堯舜一類的聖王，這是古代奏疏的慣用之語，這裡也是強調納諫對朝廷政務的重要性。後面以本朝的英宗和神宗為例，進一步論證聖明的皇帝善於納諫，故能大治天下。

再如《論選忠良博古之士置諸左右》：

　　臣聞玉雖美，追琢然後成珪璋；金雖堅，砥礪然後成利器。人主雖有自然之聖質，必賴左右前後磨礲漸染，所聞正言，所見正行，然後德性內充，道化外行。以之知人則無不明，以之舉事則無不當，故周公之戒成王，自常伯常任至虎賁，綴衣趣馬小尹左右，攜僕百司庶府必皆得人，以為立政之本。穆王之命伯冏，亦曰：「命汝正於群僕侍禦之臣懋乃後德，交修不逮，慎簡乃僚，無以巧言令色，便辟側媚，其惟吉士。」下至西漢，猶詔郡國，歲貢吏民之賢者以給宿衛。則虎賁之任也，出入起居執器物備顧問，皆用士人，如孔安國之掌唾壺，嚴助、朱買臣之專應對，則左右攜僕之任也。雖用人有愧於古，亦一時之盛矣。其後唐太宗平定四方，有志治道，則引虞世南等聚於禁中，號十八學士。退朝之暇，從容燕見或論古今成敗，或問民間事情。每言及稼穡艱難，則務遵勤儉。言及閭閻疾苦，則議息征徭。以至諷誦詩書，講求典禮，諮詢忘倦，或至夜分。若夫軍國幾微事務得失，則責之輔相，悉不相干，其上下相與之際，如此，是以後世言治，獨稱貞觀。惜其一時之士不以堯舜三代之道啟迪其君，故其成就止此矣。夫以貞觀之治猶須招集賢能，朝夕親近，然後成功，又況有志於大者乎。

　　伏惟皇帝陛下聰明慈惠，有君人之德；沉靜淵默，有天下之度。方且躬親聽斷，勵精為治，其志大矣。臣謂宜於此時，慎選忠信端良博古多聞之士置諸左右前後，以參諷議，以備顧問。陛下聽政之餘，引之便坐，講論經術，諮詢至道，不必限其日時，煩其禮貌，接以誠意，假以溫顏，庶使

人得盡情理，無不燭於以增益聖學，裨補聰明，漸染磨礱，日累月積，循習既久，化與心成，自然於道不勉而中，於事不思而得，匪僻之習，異端之言無自而入矣。如是而施之任人，則邪佞者遠，忠直者伸，以之立事，則言而為天下則，動而為天下法。其於盛德，豈曰小補之哉！且夫深處法宮之中，親近褻禦之徒，其損益相去如此，惟陛下留意勿忽。（《宋文鑒》卷60）

　　曾肇此文頗有策士之風，起首以工整的排偶句領起全文，以自然之理譬喻朝廷之事，甚為得體。作者以金玉起興，暗喻帝王尊貴之姿，十分恰當。試想倘若用木石一類的譬喻，顯然不倫不類了。這種譬喻，引出該文的核心論點，即人主必須選拔仁人義士或正人君子置於左右，才能「德性內充，道化外行」。圍繞這一論點，作者先是引經據典，注意作者所引皆為周、漢、唐三代的故事，這三代正是歷史上享國既久又相對強大的時期，君主也比較賢明。如周公輔佐成王，漢武帝雄材大略，唐太宗貞觀之治，都是歷史上公認成功的君王。這些君主成功的原因很多，這裡強調的是重視選拔才士，在左右任職。上至執政大臣，下至值勤打雜的近臣，都要予以重視。由此引出作者對本朝皇帝的勸諫，即「慎選忠信端良、博古多聞之士置諸左右前後，以參諷議，以備顧問」，這是全文的主旨，有了前面的有力鋪墊，作者這一番對皇帝的勸諫，顯得特別自然而有理，也顯得特別重要和必須。

王安石及其家族的古文創作

第一節 ▶ 王安石的文論

　　王安石（1021-1086）字介甫，晚號半山，臨川（今屬江西）人。仁宗慶曆二年（1042）進士。先後擔任知縣、州通判、群牧判官、知州等職，可謂一帆風順。嘉祐三年（1056）上萬言書，提出變法主張，雖然仁宗沒有採用王安石之論，他卻因此名聲大震。神宗即位後，召見時任江寧知府的王安石。年輕有為的神宗皇帝欣賞王氏的變法主張，決定重用他，擢拔為翰林學士兼侍講。據《宋史・王安石傳》載：

　　　　一日講席，群臣退，帝留安石坐。曰：「有欲與卿從容議論者。」因言：「唐太宗必得魏徵，劉備必得諸葛亮，然後可以有為，二子誠不世出之人也。」安石曰：「陛下誠能為堯舜，則必有皋、夔、稷、契；誠能為高宗，則必有傅說。」

　　顯然神宗對王安石寄予極大期望，希望他能像魏徵輔佐唐太宗或者像諸葛亮輔佐劉備那樣，成為得力的股肱之臣。王安石也

以歷史上的名臣自況，十分自信地希望能夠在政壇上大有作為。次年，神宗擢升他為參知政事，主持變法，其權力超越了當時的宰相。一年後安石拜相，更是大張旗鼓地推行新法。神宗對他極其信任，他們之間的君臣關係之和諧，在歷史上是少見的。

王安石作為北宋時期最重要的政治家，其一生事業是圍繞著變法展開的。我們不在這裡討論王安石變法的是非曲直問題，因為其中涉及的問題甚多。王安石本身絕對是一位優秀的官員，而變法派的最強烈的反對者如司馬光、蘇軾等也是封建時代少有的傑出官員。我們在此要強調的是王安石的崇高的政治地位，其開闊的政治視野，對他的文論和散文創作具有決定性的影響。

他的文學主張具有鮮明的功利色彩，同理學家一樣，要求文章明道。但他的明道，與道學家純儒家的道統有明顯的差別。他說：

> 治教政令，聖人之所謂文也，書之策，引而被之天下之民，一也。聖人之於道也，蓋心得之；作而為治教政令也，則有本末先後，權勢制義，而一之於極。其書之策也，則其然而已矣。彼陋者不然：一適焉，一否焉，非流焉則泥，非過焉則不至，甚者置其本，求之末，當後者反先之，無一焉不悖於極。彼其於道也，非心得之也。其書之策也，獨能不悖焉！故書之策而善，引而被之天下之民，反不善焉，無矣。二帝三王引而被之天下之民而善者也；孔子孟子，書之策而善者也，皆聖人也。（《與祖擇之》）

聖人為文，著眼於治教政令，就是要為了治理好天下，所以才為文，而文章的價值也就體現這方面。當聖人領悟了道，就會將其發表為治教政令。那麼道的根本價值就在於有益於政治教化，因此最好的文或者說最有價值的文，就是作為治教政令載體的文，文章明道，要明政治教化之道。王安石寫《與祖擇之書》，當時年僅二十六歲，時任縣令。可見在他年輕之時，他已經確立了文學為政治服務的觀念。

在《在上人書》中說：

> 嘗謂文章，禮教治政云爾。其書諸策而傳之人，大體歸然而已。……且所謂文者，務為有補於世而已矣；所謂辭者，猶器之有刻鏤繪畫也。誠使適用，亦不必巧且華。要之，以適用為本，以刻鏤繪畫為之容而已，不適用，非所以為器也，不為之容，其亦若是乎？

功利主義的文學觀念十分明顯。為文的關鍵是功用，要以適用為本，適用的宗旨又是禮教治政。文章要為政治教化服務，這就是文章的實用價值。「務為有補於世」，否則徒具文采，也就無補於世了。在文章內容和形式的關係上，王安石無疑更加關注內容。只要適用，不必巧且華，形式相對內容而言，處於非常從屬的地位。他用了一個形象的比喻來論證內容與形式的關係：製作一件器物的目的是它的功用，在這件器物上刻鏤繪畫，只是裝飾而已，這種裝飾並不影響器物本身的功用。因此，對於功用而言，這種裝飾處於從屬的地位，甚至是可有可無的。聯繫到他所

說：「治教政令，聖人之所謂文也」，將文章的功用局限於國家政令和法規這樣狹窄的範圍內，這一標準完全以政治作為衡量文章優劣的尺度，完全是政治家實用觀點。

王安石這樣的政治家講求文章明道，與理學家和文章家強調明道或載道表面是一樣，但是對道的理解三者皆不同。王安石的「道」是國家政令和法規，是為當時朝廷服務的。而理學家的「道」，則是孔孟之道，他們認為這種道是放之四海而皆準的絕對真理，文章自然要載這個道。而文章家的「明道」要比政治家和理學家開明，範圍要更廣，他們認為道存在於萬事萬物之中，不局限於政治或者孔孟之道。如蘇軾認為：「夫昔之為文者，非能為之工，乃不能不為之工也，山川之有雲霧，草木之有華實，充滿勃鬱而見於外，夫雖欲無有，其可得耶？」（《經進東坡文集事略》卷 56）「不能不為之工」，是因為作文者有感於外在的自然風物，從而情感勃發，自然成文，並非僅僅因為文章符合某種道的要求，或者載道的結果。相比而言，蘇軾的文學觀念顯然要比王安石開明。文學的物件不能單純為政治服務，自然景觀應該是它的重要對象，也應該抒寫個人情懷，如果以政治作為衡定文學或者古文的惟一標準，便未免太狹隘了。正因為在文學觀念的這種區別，蘇軾對王安石的一些做法頗有微詞，他曾批評王氏說：「王氏之文，未必不善也，而患於好使人同己。自孔子不能使人同，王氏欲以其學同天下。」（《答張文潛書》）蘇軾的評價，表現了二人的政治觀念的不同，主要還是文學觀念的不同。作為政治人物，蘇軾也是當時政壇的風雲人物。但是我們現在看來，他名垂史冊主要是因為他的卓越的文學成就。而王安石則是

北宋時期最重要的政治人物，他在古代文學史上當然也占了一席之地，但是作為一位歷史人物，十一世紀中國改革家的名氣比文學家的名氣無疑要大得多。同樣，蘇軾的政治地位及影響力不能與王安石相比，但是文學成就卻在王安石之上。我們讀王安石的文集，明顯感覺到其文表現了一個政治家的志向襟懷、思維方式。

第二節 ▶ 王安石的古文創作

翻檢王安石的文集，集中體現了他傑出政治家風貌，抒情文字最少，大多是政論文章。這類文章展現了政治家的素質，一是看問題往往以政治教化為出發點；二是往往有深刻過人的見解。他愛作翻案文章，常有驚人之語，如《鯀說》：

> 堯諮孰能治水，四嶽皆對曰：「鯀」。然則在廷之臣可治水者，惟鯀耳。水之患，不可留而俟人，鯀雖方命圮族，而其才則群臣莫及，然則舍而孰使哉？當此之時，禹蓋尚少，而舜猶伏於下而未見乎上也。夫舜、禹之聖也，而堯之聖也，群臣之仁賢也，其求治水之急也，而相遇之難如此。後之不遇者，亦可以無憾矣。

鯀在上古歷史中是一個悲劇性人物，他奉命治水九年未成，最後被殺。在典籍中往往被描繪成惡人，因為殺他的人是帝堯。《史記・五帝本紀》載：「舜歸而言於帝，請流共工於幽陵，以

變北狄；放驩兜於崇山，以變南蠻；遷三苗於三危，以變西戎；
殛鯀於羽山，以變東夷：四罪而天下咸服。」將鯀作為四非之
一。而王安石這篇文章仍將鯀視為賢人，當堯之時，洪水氾濫，
朝中無人能夠勝任治水之事，群臣一致推舉鯀為治水之臣，堯聽
從群臣之議，委派鯀擔重任。此時舜在下僚，而禹尚年少，鯀亦
是臨危受命，力不能逮，結果治水未能成功，事敗被殺。王安石
認為在舜、禹嶄露頭腳之前，鯀無疑是最賢能的大臣，但他治水
的能力不足，委派他治水，也是一種才非所用，所以作者感歎君
臣相遇之難。這種見解是非常深刻的。常人所謂的不遇，往往指
仕途失意，沒有當官是一種不遇，當小官不被重用也是一種不
遇，但王安石卻在此提出另外一種情況，即身居高位委以重任，
也可能因為才非所用，也是一種不遇。鯀因治水失敗被殺，從維
護法制的嚴責性來說，當然該殺，但另一方面，他無疑是值得同
情的悲劇人物。他承擔了自己負荷不了的重任，失敗是不可避免
的。作者從用人這一角度審視鯀的命運，得出了令人信服的結
論，同時也提出了一個在封建社會普遍存在的用人標準的問題。
要用合適的人，即使是賢能之士，也並非萬能之材，只有把賢能
之士放在合適的職位才能是選賢用能的正道。

又如《伯夷》篇，有關伯夷、叔齊的故事，歷代都表彰他們
的德行和氣節，尤其津津樂道恥不食周粟之事。王安石對此事大
不以為然，但他要辨此事卻遇到一個極大的障礙，即對伯夷的事
蹟，孔孟二人都曾交口稱譽。在當時背景下，作者不可能公然與
孔孟唱對臺戲，只有曲為之辨：「事有出於千世之前，聖賢辨之
甚詳而明，然後世不深考之，因以偏見獨識，遂以為說，既失其

本，而學士大夫共守之不變者，蓋有以矣，伯夷是已。」這裡說聖賢是指孔孟對伯夷事蹟已辨之甚詳，而因為後世儒生學者將聖人的意思搞錯了。他引述孔孟之言：

> 夫伯夷，古之論有孔子、孟子焉。以孔孟之可信而又辯之反復不一，是愈可信也。孔子曰：「不念舊惡，求仁得仁，餓於首陽山下，逸民也。」孟子曰：「伯夷非其君不事，不立惡人之朝，避紂居北海之濱，目不視惡色，不事不肖，百世之師也。」故孔孟皆以伯夷遭紂之惡，不念以怨，不忍事之，以求其仁，餓而避，不自降辱，以待天下之清，而號為聖人耳。

他如此理解孔孟之言，亦無大謬。只是孔孟本來重在表彰伯夷的氣節，在政治方面考慮得不多，王氏引申到避世「以待天下之清」，明顯關涉到政權更迭之事。即文、武王的仁政取代商紂的暴政。作者不同意司馬遷和韓愈言其恥不食周粟的言論。作者沒有否定孔孟之論，而是將孔孟的言論加以改造，由此引出自己的觀點。他往下提出自己獨到的見解：

> 夫商衰而紂以不仁殘天下，天下孰不病紂？而尤者，伯夷也。嘗與太公聞西伯善養老，則往歸焉。當是之時，欲夷紂者，二人之心，豈有異邪？及武王一奮，太公相之，遂出元元於塗炭之中，伯夷乃不與，何哉？蓋二老所謂天下之大老，行年八十餘，而春秋固已高矣。自海濱而趨文王之都，

計亦數千里之遠，文王之興，以至武王，歲亦不下十數，豈伯夷欲歸西伯而志不遂，乃死於北海邪？抑來而死於道路邪？抑其至文王之都而不足以及武王之世而死邪？……天下之道二，仁與不仁。紂之為君，不仁也；武王之為君，仁也。伯夷固不事不仁之紂以待仁，而後出武之仁焉，又不事之，則伯夷何處乎？

作者對伯夷之事表示質疑，絕對是十分有價值的。他不認同恥食周粟之說，與歷代所論大唱反調，見解獨到。如果伯夷既不是殘暴的商紂王，又不是仁德的周武王，那麼，他絕對無所處了，也談不上是什麼聖賢了。作者推測伯夷不能來西周的種種原因，是不能令人信服的，但仍不失為一種符合邏輯的推論。作者論證恥食周粟之事，無疑是正確的，其見識超過了司馬遷和韓愈。

在《復仇解》中，作者以治國之道審視經典的說法，毫不迷信經典。他認為民間的復仇行為完全是亂世之舉，而不是治世之法。在治世，倘若有冤仇可以通過上告的方式來解決，一直可以告到天子。實際上在當時社會裡有冤屈而無法上告的事情很多，但作為政府官員當然不能允許民間私下復仇。從維護社會秩序和法律尊嚴的角度上，他竭力反對復仇。《周禮・秋官》曾謂：「凡報仇讎者，書於士，殺之無罪。」疏云：「凡仇人皆王法所當誅，得有報仇者。謂會赦後，使已離鄉，其反來還於鄉里，欲報之時，先書於士，士即朝士，然後殺之無罪。」王安石對此說大為不滿，認為非周公之法。以現今的研究成果來說，《周禮》當

然不是周公所作，但在當時卻很少有人敢於懷疑。時人對《周禮》所記載的各種制度，都認為是聖人規定的制度，是無可置疑的。王安石以政治家的敏感，完全清楚允許民間復仇對社會的危害性。因此駁斥這種以常理可知不合法制的論調。

又如《子貢》亦不同意以往史書之說：「予讀史所載子貢疑傳之者妄，不然子貢安得為儒哉？」旗幟鮮明地與史書商榷。據《史記·孔子世家》載：「田常欲作亂於齊，憚高、國、鮑、晏，故移其兵欲以伐魯。孔子聞之，謂弟子曰：『夫魯，墳墓所處，父母之國，國危如此，二三子何為莫出？』子路請出，孔子止之。子張、子石請行，孔子弗許。子貢請行，孔子許之。」子貢在孔門以能言善辯著稱，當魯國有難時，孔子要他出使其它國家，制止齊國對魯國的進犯。司馬遷記此事，本是要說明孔門人才濟濟，弟子都非尋常之輩。司馬遷又說：「故子貢一出，存魯，亂齊，破吳，強晉而霸越。子貢一使，使勢相破，十年之中五國各有變」，是為了表彰子貢的傑出才幹。王安石不相信《史記》之說，他反駁道：

> 子貢因行，說齊以伐吳，說吳以救魯，復說越，複說晉，五國由是交兵。或強，或破，或亂，或霸，卒以存魯。觀其言，跡其事，儀、秦、軫、代，無以異也。嗟乎！孔子曰：「己所不欲，勿施於人。」己以墳墓之國而欲全之，則齊、吳之人，豈無是心哉？奈何使之亂歟？吾所以知傳者之妄，一也。於史考之，當是時，孔子、子貢為匹夫，非有卿相之位，萬鐘之祿也，何以憂患為哉？然則異於顏回之道

矣。吾所以知傳者之妄，二也。墳墓之國，雖君子之所重，然豈有憂患而謀為不義哉？借使有憂患為謀之義，則豈可以變詐之說亡人之國，而求自存哉？吾所以知傳者之妄，三也。

作者認為孔門之徒，不同於張儀、蘇秦、陳軫、蘇代等縱橫家，再就是依照儒家的原則，也不可能做因為促使自己的國家，而損害其它國家的事情。孔子與子貢的社會地位，也使其不可能去遊說各國。像孔子這樣的人，也不可能因憂患而為不義之謀。說理十分綿密，可謂滴水不漏，於理於情，都說明瞭《史記》的記載不可靠。當然，王安石否定史遷之說沒有什麼文獻依據，而是從情理方面加以論證，頗有說服力。他主持變法，遭到很多士大夫的反對，其中反對最力的是司馬光。司馬光曾寫三封信給他，對變法表示異議。王安石作著名的《答司馬諫議書》：

> 昨日蒙教，竊以為與君實游處相好之日久，而議事每不合，所操之術多異故也。雖欲強聒，終必不蒙見察，故略上報，不復一一自辨。重蒙君實視遇厚，於反復不宜鹵莽，故今具道所以，冀君實或見恕也。
>
> 蓋儒者所爭，尤在於名實。名實已明，而天下之理得矣。今君實所以見教者，以為侵官、生事、爭利、拒諫，以致天下怨謗也。某則以謂受命於人主，議法度而修之朝廷，以授之於有司，不為侵官；舉先王之政，以興利弊，不為生事；為天下理財，不為征利；辟邪說，難壬人，不為拒諫。

至於怨謗之多，則固前知其如此也。

　　人習於苟且非一日，士大夫多以不恤國事，同俗自媚於眾為善。上乃欲變此，而某不量敵之眾寡，欲出力助上以抗之，則眾何為而不洶洶然？盤庚之遷，胥怨者民也，非特士大夫而已。盤庚不為怨者故改其度，度義而後動，是而不見可悔故也。如君實責我以在位久，未能助上大有為，以膏澤斯民，則某知罪矣。如曰今日當一切不事事，守前所為布局，則非某所敢知。

　　司馬光寫給王安石的信也是很優秀的散文作品，第一封信系統地說明他對新法的意見，洋洋灑灑有二千餘字。其中主要批語王安石侵官、生事、征利、拒諫。王安石的回信開頭即二人雖相處時間很長，關係也不錯，但每事則不合。這為後文駁斥司馬光之言作了鋪墊。然後以極簡煉的筆墨對司馬光的指責，一一加以駁斥。文章最後批評士大夫因循守舊的陋習，表示自己決心輔佐神宗堅持變法。全文只有三百多字，寫得斬釘截鐵，風格峭勁有力，鋒芒畢露。王安石素有拗相公之稱，此文倒很能表現他性格中執拗的一面。文章對司馬光的指責沒有客氣之言，也沒有委婉之說，而是針鋒相對，淋漓盡致。

　　文集中有一篇《答錢公輔學士書》也頗有意思。王安石因錢公輔之請為其母寫墓誌銘，今《王安石集》卷九五存《永安縣太君蔣氏墓誌銘》，即為錢母所作。其中說：「太君進子於學，惡衣惡食，禦之不慍，均親嫡庶，……既其子官於進豐顯矣。里巷之士以為太君榮，而家人卒未見太君喜焉。」又稱其：「不流於

時俗，而樂盡其行己之道，窮通榮辱之接乎身，而不失其常心，今學士大夫之所難，而以女子能之，是尤難也。」墓誌寫成後，錢氏不滿意，認為僅僅表彰其母課子讀書中試，不足以體現其母之德行，希望安石有所增益。安石作答云：

比蒙以銘文見屬，跪下於世為聞人，力足以得顯者銘父母，以屬予不腆之文，似其意非苟然，故輒為之而不辭。不圖乃猶未副所欲，欲有所增損。鄙文自有意義，不可改也。宜以如足下意者為之耳。家廟以今法准之，恐足下未得立也。足下雖多聞，要與識者講之，如得甲科為通判，通判之署，有池台竹林之勝，此何足以為太夫人之榮，而必欲書之乎？貴為天子，富有天下，苟不能行道，適足以為父母之羞，況一甲科通判！苟粗知為辭賦，雖市井小人皆可以得之，何足道哉？何足道哉？故銘以謂閭巷之士以為太夫人榮，明天下有訓者不以置悲歡榮辱於其心也。太夫人能異於閭巷之士而與天下有識者同，此其所以為賢而宜銘者也。至於諸孫，亦不足列，孰有五子而無七孫者乎？七孫業有可道，固不宜略，若皆兒童，賢不肖未可知，列之，於義何當也？諸不具道，計足下當與有識者講之。

墓誌銘是一種應酬文字，墓主親屬的喜好本是作者寫作的依據。既然錢公輔提出要有特徵與個性，按照常規，作者照其要求個性即可，但是作者絕非苟且之輩，即使對墓誌這種應酬文字同樣有自己的原則，而且毫不通融。他不同意將錢氏的通判之職署

在墓誌上，認為不足為其母之榮。其次，稱道錢母見識不同於閭巷之士，正是為其銘文的原因。再次，不同意將其孫子之名列入墓誌上，認為於義不當。這種較真的精神，在講究溫良恭儉讓的古代文人中是少見的，這也可見王安石執拗的性格。《宋史》本傳說：「安石性強忮，遇事無可否，自信聽見，執意不同，至議變法，而在廷交執不可，安石傅經義，出己意，辯論輒數百言，眾不能詘。」史撰者對王安石變法亦頗不滿，此番議論帶有貶意色彩，但王安石執拗善辯卻是事實。他曾公然提出「天變不足畏，祖宗不足法，人言不足恤」，這是十分有氣魄的提法。在古代，上天至高無上，連皇帝都是兒子，人們常常將上天的災變與人間的政治相聯，認為其中有一種因果關係。祖宗在這裡的含義，不是廣義的祚的意思，而是宋代皇帝的列祖列宗。古代皇帝都標榜以孝治天下，尊重祖宗之法。人言是指士大夫議論朝政之言，古人倚重清議，士大夫自有其議論的標準，而這種標準視為一種社會輿論，有時成為左右朝政的巨大力量。王安石提出「三不足」，足以表現王氏的見識和勇氣，二者不可或缺。

他眾多的讀書雜記，亦往往新見迭出。如《孔子世家議》，專論《史記》的體例問題：

> 太史公敘帝王則曰「本紀」，公侯傳國則曰「世家」，公卿特起則曰「列傳」，此其例也。其列孔子為世家，奚其進退無所據耶？孔子，旅人也，棲棲衰季之世，無尺土之柄，此列之以傳宜矣，曷為世家哉？豈以仲尼躬將聖之資，其教化之盛，烏奕萬世，故為之世家以抗之？又非極摯之論

也。夫仲尼之才，帝王可也，何特公侯哉？仲尼之道，世天下可也，何特世其家哉？處之世家，仲尼之道，不從而大；置之列傳，仲尼之道，不從而小。而遷也自亂其例，所謂多所抵牾者也。

此文言司馬遷將孔子列入世家中，是自亂其例，這是很中肯的話。先前大概無人對此提出疑問。一是司馬遷無疑是中國古代最優秀的史學家，其《史記》體例開我國古代正史之先河，後世編年體史書基本依照此例。二是孔子的權威地位，司馬遷將其置於世家是表示對他的敬意，而王安石認為仍應放在列傳裡。從作史的體例而言，將孔子置於列傳無疑更合適。這也不僅僅要有見識，也需要勇氣。

他所寫的大量有關自己政治主張的奏章疏議，都是同類作品的典範之作。像他的名篇《上仁宗皇帝萬言書》、《本朝百年無事札子》，都是極優秀的奏議文章。這類文章最能表現他的卓越的政治才能，過人的見識和強烈的使命感。如《上萬言書》對當時社會存在的各種問題，都有十分清晰的認識，可以看到作者對這些問題經過深入的調查。也可以看出作者是期望有一番作為的卓越官員。而且他提出的改良方法有一整套系統，可見其非同凡響的政治才能。

王安石還是有影響的經學家，熙寧六年（1073），以宰相的身份提舉經義局，其目的是要統一思想。宋神宗對他說：「經術人人乖異，何以一道德，卿有所著可以頒行，令學者定於一。」安石作《三經新義》，在當時定為官學，是士子科舉考試的標準

教材，《宋元學案》說：「初，先生提舉修撰經義，訓釋《詩》、《書》、《周官》。既成，頒之學官，天下號曰新義。晚歲為《字說》二十四卷，學者爭傳習之，且以經試於有司，必宗其說，少異，輒不中程」。《三經新義》今已失傳。孫欽善先生論道：

> 三經義既然為現實的政治、思想需要而作，所以具有以下共同特點：第一，古為今用，托古議政改制。第二，為我所用，借題發揮新的思想。因此在文理上多穿鑿附會。這在政治上雖有進步意義，但在文獻學上卻不是積極的成果。第三，重義理，輕訓詁，擺脫煩瑣注疏的束縛。（《中國文獻學史》第一章）

這類著述作為學術研究其實不足道，但能反映出王安石的政治思想。他的學術活動也是為其政治實踐服務的。在中國古代官本位文化形態下，作為政府官員主要構成的士人，他們的學術研究，文學創作往往具有明顯的政治傾向。王安石在士人中，又是政治意識極為強烈的一位，因此他的文化活動都自覺地與政治聯繫在一起。我們現在可以見到他有一篇《周南詩次與解》，此文對《詩經·周南》排列次序提出頗為新穎的看法，其出發點仍然是政治教化：

> 王者之始，始之於家，家之序，本於夫婦正。夫婦正者，在求有德之淑女為後妃，以配君子也，故始之以《關雎》；夫叔嫂所以有德者，其在家，本於女工之事也，故次

以《葛覃》；有女工之本，而後妃之職盡矣，則為輔佐君子求賢審官。求賢審官者，非所能專，有志而已，故次之以《卷耳》；有求賢審官之志以助治其外，則於其內治也，其能有嫉妒而不逮乎？故次之以《樛木》；無嫉妒而逮下則子孫眾多，故次之以《螽斯》；子孫眾多，由其不嫉妒，則致國之婦人亦化其上，則男女正，婚姻時，國無鰥民也，故次之以《桃夭》。國無鰥民，然後好德，賢人眾多，故次之以《兔罝》；好德賢人眾多，是室家和平，而婦人樂有子，則後妃之美具，故次之以《芣苢》；後妃至於國之婦人樂有子者，由文王之化行，使南國江漢之人，無思犯禮，此德之廣也，故次之以《漢廣》；德之所及者廣，則化行乎汝墳之國，能使婦人閔其君子而勉之以正，故次之以《汝墳》。婦人能勉君子以正，則天下無犯非禮，雖衰世公子，皆能信厚，此《關雎》之應也，故次之以《麟之趾》焉。

　　說《詩》依照《毛序》之說，《毛序》本來就不可信，而他又進一步以政治教化來詮釋詩義，又以教化之義來排列《周南》順序，愈發不可信。倘若從學術意義來衡量，他對《詩經》的研究顯然不如歐陽脩《詩本義》精深。該文頗能表現王安石政治性很強的功利學術思想。

　　他的一些散文作品，具有明顯的政治功利性，如《度支副使廳壁題名記》。作者寫此文時任度支判官，文章敘述度支副使為國理財的重要責任，從而論述為官為吏者的責任。文章說：「夫事天下之眾者財，理天下之財者法，守天下之法者吏也。吏不良

則有法莫守，法不善者則有財莫理。有財而莫理，則阡陌閭巷之賤人，皆能私取予之勢，擅萬物之利，以與人主爭黔首，而放其無窮之意，非必貴強桀大而後能。如是，而天子猶不失其民者，蓋特號而已焉。雖欲食蔬衣敝，憔悴其身，愁思其心，以幸天下之給足，而安吾政，吾知其猶不得也。然則善吾法而擇吏以守之，以理天下之財，雖上古堯舜猶不能毋以此為先急，而況於後世之紛紛乎？」認為擇良吏，制善法為國理財是朝廷的第一要務。後來他執政時，新法的主要目的是理財以增加國家財政收入，這種思想顯然在他早期的從政生涯中已經有明確的認識。然後極言三司副使的重要作用：

> 三司副使，方今之大吏，朝廷所以尊寵之甚備。蓋今理財之法有不善者，其勢皆得以議於上而改為之，非特當守成法，斂出入，以從有司之事而已。其職事如此。則其人之賢不肖，利害施於天下如何也！觀其人，以其在事之歲時，以求其政事之見於今者，而考其所以佐上理財之方，則其人之賢不肖，與世之治否，吾可以坐而得矣。

宋制，三司是國家最高財政機關，長官為三司使，地位次於執政，俗稱計相。下轄鹽鐵、戶部、度支三部，設三司副使兼任三部的長官，此處的三司副使為度支司長官，掌管朝廷的收支計畫諸事，是國家的最高理財官，職事十分重要。王安石作此記，注重此職事的重大責任，認為此職身繫天下治亂，可以從中觀察當世的興衰，所以選人擔任此職便須十分慎重。後來他實行變

法，三司長官由他自己兼任，也說明財政官員的重要性。

　　他的記敘性文字往往不忘政治教化，如他作《慈溪縣學記》：「天下不可一日無政教，故學不可一日而亡于天下，古者并天下之田，而黨庠、遂序、國學之法立乎其中。」他認為學校教育在於教導學子成為治理國家政治事務的人才。所謂：「士朝夕所見所聞，無非所以治天下國家之道，其服習必於仁義，而所學必皆盡其材。一日取以備公卿大夫百執事之選。」他後來進行科舉改革，取消詩賦考試，即是期望以科舉選拔官吏，而不是他所反對的選拔文士的方法。他說：「後世無井田之法，而學亦或存或廢。大抵所以治天下國家者，不復皆出於學，而學之士，群居族處，為師弟子之位者，講章句，課文字而已。」他對學校培養窮經儒生的單一性質大為不滿。應該說，王安石以功利的眼光來要求當時學校改變其功能，培養能幹的官吏，較比冬烘先生講章句、課文字要有意義得多。

　　我們解讀王安石的散文，說其文章注重政治才華，並非說他的所有文章皆是如此，他有些文章並非有關政治教化，但一定有所寓意。例如《芝閣記》寫到宋真宗大中祥符年間，聽信大臣王欽若之言大興符瑞，各地爭獻祥瑞，各種真假珍異禽獸、植物紛紛出現。所謂：「方是時，希世有力之大臣，窮搜而遠採；山農野老，攀援岨險，以上至不測之高，下至澗溪壑穀，分崩裂絕，幽窮隱伏，人跡之所不通，往往求焉。蓋芝出於九洲四海之間，蓋幾於盡矣。」這段描寫很精彩，對真宗的作法顯然有諷刺意味。仁宗繼位後，下令不納祥瑞，「於是神奇之產，銷藏委翳於蒿藜榛莽之間，而山農野老不復知其為瑞也。」作者針對此事，

首先得出一個結論：「知因一時之好惡，而能成天下之風俗。」這個結論意即為：「上之所好，下必甚焉。」這與政教有關係，但這不是作者作文的主旨。作者要借助於此事，說明士人用於世也與時運有關：「芝一也，或貴于天子，或貴於士，或辱於凡民，夫豈不以時乎哉？士之有道，固不役志於貴賤，而卒所以貴賤者，何以異哉？此予之所以歎也。」作者的慨歎是有為而發的，士人的貴賤，往往不在於自身素質的高低，而在於時運，這話在任何時代大概都是正確的。

第三節 ▶ 王氏家族其它成員的古文創作

王安石其弟安國、安禮，其子王雱皆有文名，古文創作頗有可觀處，下面依次予以介紹。

王安國（1028-1076），字平甫，《宋史》有傳附於《王安石傳》，其傳云：「幼敏悟，未嘗從學，而文詞天成。年十二，出所為詩、銘、論、賦數十篇示人，語皆警拔，遂以文章稱於世，士大夫交口譽之。」史稱其並不贊同王安石變法，有一次神宗皇帝召對問曰：「卿兄秉政，外論謂何？」回答：「恨知人不明，聚斂太急爾。」神宗不高興，沒有器重他。這段故事可見安國是一位正直士人。安國文集今不存，所作古文散見於《宋文鑒》等選本中，現以《後周書序》為例討論其古文創作：

周之六帝，當四海分裂之時，形勢劫束，毅然有志合天下於一，而材足以有為者，特文帝而已。文帝召蘇綽於稠人

之中，始知之未盡也。臥與之言，既當其意，遂起並晝夜諮諏酬酢，知其果可以斷安危治亂之謀，而詘己以聽之。考於書，惟府兵之設，斂千歲已散之民，而係之於兵，庶幾得乎三代之遺意。能不骇人視聽，以就其事，而效見於後世。文帝嘗患文章浮薄，使綽為《大誥》以勸，而卒能變一時士大夫之製作。然則勢在人上，而欲鼓舞其下者，奚患不成？雖然，非文帝之智，內有以得於己，而蘇綽之守，外不詘於人，則未可必其能然也。以彼君臣之相遭，非以先王之道，而猶且懇懇以誘之言，又況無所待之豪傑，可易以畜哉？

夫以德力行仁，所以為王霸之異，而至於詘己任人，則未始不同。然而君能畜臣者，天下之至難。傳曰：「取人以身，修身以道，修道以仁。」蓋道極於不可知之神，而人以其質推之。為天下國家之用者，以其粗爾，然非致其精於己，則其粗亦不能以為人。惟能自愛其身，則內不欺其心。內不欺其心，則外不蔽於物，然後好惡無所作，而尚何有己哉？能無己，始可得己，而足以揆天下之理；知人之言，而邪正無以庾其實，尚有患乎論之不一哉？於是任賢能，使之盡其方，而無所省者，以天下之耳目，則小人不能托忠以誣君子，又從而為之勸禁，則小人忿欲之心，已黜於冥冥之際。君子樂以其類，進而磨厲其俗，凜然有恥，君臣相與謀於上，而令馳騖於下，有忠信之守而無傅會遷就之患，則法度有拂於民，而下不以情赴上者乎？蓋虛然後能受天下之寶，約然後能操天下之煩，垂纓攝袵，俯仰堂廟，無為以應萬機者，致其思而已矣。夫思之為王者事，君臣一也，勢則

異焉。世獨頌堯舜之無為,而安知夫人主自宜無為,而思則不可一日已也。《書》曰:「思曰睿。」揚雄曰:「於道則勞其不然歟?」蓋夫法善矣。非以道作,其人則不能為之守。而民之多寡,物之豐殺,法度有視時而革者,必待人而後謀,則是可不致其思乎?苟未能此,而徒欲法度之革者,是豈先王為治之序哉?彼區區之周,何足以議,徒取其能因一時君臣之致好,猶足以見其效。又況慨然行先王之道,而得有為之勢乎!是固不宜無論也。(《宋文鑒》卷90)

此文為《周書》作序,是作者參與整理此書、呈遞皇帝而作,也是以史為鑒之意。北周開國君主宇文泰是一位具有雄材大略的帝王,重用賢臣蘇綽,使北周逐漸強大,為爾後的隋文帝統一中國奠定了堅實的基礎。據《周書・蘇綽傳》載,周太祖(文帝)聞蘇綽有才名,置於身旁任職,「(太祖)因問天地造化之始,歷代興亡之跡,綽既有口辭應對如流,太祖益喜。……遂留綽至夜問以治道。太祖臥而聽之。綽於是指陳帝王之道,兼述申韓之要,太祖乃起整衣危坐,不覺膝之前行,語遂達曙不厭。」蘇綽越級擢升,執掌朝政,進行一系列改革,始北周走上了富國強兵之路。一部《周書》共五十卷,所載事情繁多,而作者僅僅摘取此事加以議論。這顯然是作者讀此書的最大收穫,也是他認為有關國家長治久安的重要因素。說來說去還是在帝制時代最大的問題,即君明臣賢,朝廷整理前代史書,其用意也在這裡。文章亦可視為史論或者讀史雜記,由於是寫給皇帝看的文章,故典雅從容,富有文采是其特色。

《清溪亭記》《宋文鑒》卷八一

清溪亭，臨池州溪上，隸軍府事判官之府。而京兆杜君之為判官也。築於治平三年。夫吳楚荊蜀閩越之徒出入，於是而離離洞庭、鄱陽之水，浮於日月之無窮；四方萬里之人，飛帆鼓楫，上下於波濤之中，犯不測之險於朝暮之際。而吾等乃於數楹之地，得偉麗之觀於寢食坐作之間，是可喜也。

若夫峙闤闠之萬家，於千峰之繚繞；朝陽曈蒙，破氛霧於巑岏縹緲之石；而水搖山動於玲瓏窈窕之林。煙雲之滅，沒風雨之晦冥，天之所變，隨於人之動息者也。陽辟而陰闔，草萌而木芽。霏紅縹紫，映燭而低昂，與夫美蔭交而鳥獸嬉，野潦收而洲渚出。冰崖雪壑，桑落之墟，景象之盛衰，見於四時之始終，而隱顯不匿乎一席之俯仰，然後知呼吸於天地之氣而馳騖，偃伏出有入無者，孰使然哉！覽於是者，宜有以自得而人不吾知也。

君曰：夫憊其形於事者，宜有以佚其勞，厭其視聽之喧囂，則必之乎空曠之所，然後能無患於晦明。吾是以知之間隙，攜其好於此，而徜徉以畢景。飛禽之啁啾，怒浪之洶湧，漁篷樵蹻，嘯於前而歌於後，孰與夫訟訴榜笞之聲交於吾耳也？岸幘穿屨，弦歌詩書，投壺飲酒，談古今而忘賓主，孰與夫磬跽折旋之容接於吾目也？凡所以好其意者如此，而又以為夫居者厭於扃束，行者甘於憩休，人情之所同，而吏者多以為我不能久於處也。室廬有忽不治者，又況

宴遊之設乎？俗陷於不恕，而萬事之陵夷，往往以此。吾疾之久矣，而亭之所以作也。

　　噫！推君之意，可謂賢矣。吾為之記曰：夫智足以窮天下之理，則未始玩心於物，而仁足以盡己之性，則與時而不遺。然則君之意有不克於是歟？余未嘗遊於君，而吾弟和甫方為之僚，乃因和甫請記而為之記者。臨川王安國。

　　宋代有關亭閣的遊記文章極多，名篇亦眾。地方長官通常都會在任職處選擇風景名勝之地修築亭閣，以為閒暇之時遊玩休憩之所。這些亭閣或沿舊制而修葺，或擇勝地而構築。竣工之後，或親自作文，或延請名家作文以紀盛事。此文當屬同類作品的佳作。文章起始寫清溪亭周邊景況，大氣磅礡，可謂筆底波瀾，氣象萬千，這種寫法在同類作品非常罕見。然後再寫天地陰陽四時朝夕盛衰變化，仍然氣勢貫注，筆力雄健。文中複述作亭者自述，這是表明心志，也是作亭的原因。這段話頗能顯示作亭者的情趣，絕非一般俗吏可比。最後作者在認同杜判官的情趣之時，點明寫作的主旨即「未始玩心於物，而仁足以盡己之性」。

　　王安禮（1034-1095），字和甫，其傳亦附安石傳，早有文名，年少登第。曾出知潤、湖二州。又回朝任知制誥，以翰林學士知開封府。元豐官制改革，拜中大夫，尚書右丞，為執政大員。蘇軾因烏台詩案，下禦史獄，當時無人敢救。而王安禮上疏救之：「自古大度之主，不以言語罪人。……今一旦致於理，恐後世謂陛下不容才。」神宗採納了安禮的意見，東坡總算躲過一劫。還有一事可見王安禮的見識和勇氣：

　　帝數失皇子，太史言民墓多迫京城，故不利國嗣，詔悉改卜，無慮數十萬計，眾洶懼。安禮諫曰：「文王卜世三十，其政先於掩骼埋胔，未聞遷人之塚以利其嗣者。」帝惻然而罷。

　　風水之說，古已有之。皇帝數失皇子，算是天下第一家的不幸。太史是當時最有水準的風水大師，要求京城四郊的墳墓遷移，以利皇嗣，在「家天下」的制度之下，本也不算過度的訴求。安禮以理性精神反對此舉，居然為皇帝所採納。《四庫全書》現收《王魏公集》八卷，提要云：

　　其集本二十卷，見於《宋史·藝文志》，陳振孫《書錄解題》者並同。明葉盛錄《竹堂書目》亦載有《王魏公集》六冊。是明初尚有傳本。厥後諸家書目，皆不著錄。蓋自明中葉以後已佚不存。今從《永樂大典》散見各韻者裒輯彙編，釐為八卷。其中內外草，頗典重可觀，敘事之文，亦具有法度。至若沈季良、元絳諸志銘，尤足補史傳之闕。以視安石，雖規模稍隘，而核其體格，固亦約略相似也。

　　誠如四庫館臣之言，文集中多為其任知制誥時為朝廷所起草的內外制文。這類文章典雅莊重，頗顯功力。試以元豐五年（1082），他為朝廷起草的策問為例：

　　朕聞為君之難，莫難於知人。四海之廣，萬機之眾，聯

事合治，不可一日闕其官；居位任職，不可一日非其人。苟無知人之術，則中無凝止，而奸言並至，嘗試之說滋矣。用之如轉石之速，或未盡於人材；去之如拔山之難，將有窒於賢路。擇士以言，則能言者未必能行；選眾以行，則有始者未必有卒。察之以聲聞，則忠正之士以剛直而陷求全之毀；考之以薦論，則闟茸之人以閥閱而致不虞之譽。然則知人之道果何以哉？堯知人以九德，周察吏以六計，魏晉有中正之官九品之制，至唐又考以二十七最，凡此類者，施之於今，足以盡知人之術歟？子大夫其詳言之。

朕聞先王之治天下也，感人以心，而人無不化；動人以行，而人無不隨。故文王之陟降庭止，則在位者自公，退食無私交之行；不遑暇食，則從政者莫或遑息，無斯須之安。及其久也，群黎百姓偏為樂德。上自使臣之賢而下至征夫之賤，內外不形慘悴之色。非特將帥之忠，而有見於僕夫之賤。君臣上下，憂勤百為，休戚一體。此先王所以德日起而大有功也。朕甚慕焉，夙興夜寐，正心誠意，以躬率在位。然而下之隨上，曾未足以庶幾先王之治。不識何道而能致先王之盛乎？子大夫事變之所更者多，則義理之所閱者博；耳目之所接者廣，則志慮所及者遠，子大夫其精究而詳言之。

（《王魏公集》卷三）

策問是朝廷選拔官員用於考試的題目，是由文臣以皇帝的名義草擬，這一點與知制誥代表朝廷起草制文詔誥相似，當然也有差別，策問試題是由文臣獨立完成，然後交由朝廷定奪，而制誥

是奉命而作以傳達朝廷意志。唐人重詩賦，而宋人重策論。在歐陽脩、蘇軾、蘇轍等人文集中都有策論試題，都是為朝廷草就的。這兩道策問，前一道問的是君主知人極難，歷代採取種種方式選拔官員，目的是選賢任能。朝廷問的是歷代選官之法，在現今能否考察應試者的才能，所謂：「凡此類者，施之於今，足以盡知人之術歟？」第二則寫皇帝仰慕周文王深德民心，君臣一體，休戚相關，所以國內大治，而後世卻難企及。故問「不識何道而能致先王之盛乎」，要求應試者就此問題發表看法。這些策問都是帝制時代常見的問題，因為是出於朝廷的大手筆，顯示出朝廷的水準，故寫作方面有很高的要求，是廟堂文學的代表作。

我們再看他的一篇《言時政札子》：

　　臣聞和氣致祥，乖氣致異，人事失於下，變象見於上；感之以德則咎異消，忽而不戒，則禍敗至。蓋天以君為子，愛之顧之，可謂至矣。政一弗迪，則垂象譴告，將欲人君悔過，遠非慎微省事以自全也。自昔言災異者，皆不出此。昔者彗出西方，異之甚者，陛下恐栗祇畏，避宮省膳，亟下明詔，敷求直言，幹道昭然，今則消複。臣聞無災而懼禍，亦不萌患至而思咎，將誰執當？陛下思變責躬之日，臣實不敢懷未信謗己之嫌。

　　恭惟陛下即位以來，憂勤庶政，興起廢墜，總持權綱，可謂欲治之主不世出矣。有仁民愛物之心而澤不下究，有溫恭好問之實而壅於上聞。廣土眾民，未躋既富；萬方黎獻，罔或匯征。在位多素餐之譏，比屋無圖空之頌，是非雜糅，

賢不肖混淆。民勞於室，謫見於天。臣竊思其由，未知其實者。左右之臣不均不直，謂忠者為不忠，謂不賢者為賢，朋黨比周，讒忌蔽塞，以惑陛下之聰明歟？任職言事之臣，附勢以亂情偽，倚法以徇愛憎，賞不及功，罰不當罪，而政事不得其平歟？乘權附利之臣，不察惠養閔仁之意，用力殫於溝瘠，取利究於園夫。兵民嗷嗷，或致愁歎，人不得安而失職歟？凡此數者，足以干陰陽之和，致乖沴之氣，天象之差幾在於此。

陛下仁慈孝友格於皇天，外無狗馬玩好之求，內無險詖私謁之事。是陛下修之於上，正於朝廷，而群臣隳之於私室。伏願陛下察觀親近之行，無以濟其私，杜群枉之門，使得以歸於直省，不急之改作，紓弗勝之力役，凡可弛以利民者，一切罷之，則善言可以退舍，美意可以延年，複見於今日矣。若夫貶損之舊章，祈禳之小數，臣竊恐皆非陛下所以昭事上帝之意。

臣羈孤蠢愚旁無伙助，獨蒙陛下拔擢，幸得待罪從臣，常懼無以報稱，故敢冒昧，不避斧鉞之誅，以先眾臣。惟陛下留神裁擇，不勝幸甚！干冒天威，臣俯伏俟命之至。（《王魏公集》卷四）

這是上疏皇帝的奏章，古人相信天人感應之說。凡出現大的災變，可能是上天譴告君主，時政有失德。文章中讚頌皇帝勤勞政務，勵精圖治，這是檯面上的話。既然皇帝沒有缺失，那麼什麼原因會出現彗星這樣特異的天象呢？作者繼續用反詰手法來探

討原因，群臣似乎亦無失德，亦無朝政是非混淆，忠奸不分之亂象，那麼問題出在哪裡？作者提出要節制左右近臣，讓執政權力回歸台省，暗寓宦官勢力有干政之象。值得注意的是，文中還提出不要急於改制，這可能針對元祐時期，新舊黨爭不斷，法令更變頻仍等問題而提出的諫言。

第五章
北宋中後期的古文家

第一節 ▶ 劉敞、劉攽的古文創作

劉敞、劉攽兄弟是北宋中期著名學者和優秀的古文名家，在當時影響甚大。

劉敞（1019-1068），字原父，號公是，臨江新喻（今江西新餘）人。慶曆六年（1046）進士，廷試第一，編排官王堯臣是其內兄，為避嫌，將其列為第二。劉敞長期在朝廷任職，忠勇敢諫，見識超卓，常有驚人之舉。如嘉祐年間，群臣上尊號，宰相要劉敞起草上尊號表，劉敞拒絕上表，並且上疏仁宗：

> 陛下不受徽號且二十年。今復加數字，不足盡聖德，而前美並棄，誠可惜也。今歲民來，頗有災異，正當寅畏天命，深自挹損，豈可於此時乃以虛名為累。

其勇氣和見識可見一斑。在地方任職時，政績卓著，史載他知鄆州時，「決獄訟，明賞罰，境內蕭然」，以致於路不拾遺，民風淳樸。《宋史》本傳稱「敞學問淵博，自佛老、卜筮、天文、方藥、山經、地志，皆究其大略。……朝廷每有禮樂之事，

必就其家以取決焉。為文尤贍敏。掌外制時，將下直，會追封王、主九人，立馬卻坐，頃之九製成。歐陽脩每於書有疑，折簡來問，對其使揮筆，答之不停手，脩服其博。」他是宋代春秋學專家，著有《春秋權衡》、《春秋傳》、《七經小傳》、《春秋傳說例》等相關著作，有文集《公是集》傳世。《宋史》卷三一九有傳。

劉敞學識淵博，所作文章往往能顯示出其博學的一面。如《先秦古器記》

> 先秦古器十有一物，製作精巧，有款識，皆科鬥書，為古學者莫能盡通。以它書參乃十得五六。就其可知者，校其世，或出周文、武時，於今蓋二千有餘歲矣。嗟乎，三代之事，萬不存一，詩書所記，聖王所立，有可長太息者矣。獨器也乎哉！兌之戈，和之弓，離磬崇鼎，三代傳以為寶，非賴其用也，亦云上古而已矣。孔子曰：「多見而識之，知之次也。」眾不可，蓋安知天下無能盡辨之者哉？使工模其文，刻於石，又並圖其象，以俟好古博雅君子焉。終此意者，禮家明其制度，小學正其文字，譜牒次其世諡，乃為能盡之。（《宋文鑒》卷七九）

《宋史》本傳載：「嘗得先秦彝鼎數十，銘識奇奧，皆案而讀之，因以考知三代制度，尤珍惜之。」此文可與史傳對應。文字極為精煉，先說古器製作精巧，有科鬥文的款識，其中有些古文字，莫能盡通。對照典籍考究，可能是周文、武二聖王時代的

器物。作者再說明這些古器物在研究古代典章制度的重要意義，並使人將器物的形制及文字刻於石，目的是「禮家明其制度，小學正其文字，譜牒次其世諡」。這番言論在學術史上頗有意義。按當時的學術水準，考釋古文字「十得五六」，是非常客觀的反映；作者對古器物研究的看法也非常精確，表現了一位優秀學者的學術視野和實事求是的學術風格。

在劉敞文集中，送人的序文頗有特色，現亦舉一例：《送楊郁林序》：

> 郁林古郡也，太守尊官也，其任不輕矣。然而當拜者輒以炎瘴霧露為解，天子以謂此皆全軀保妻子之臣，無憂國之風，皆置不用。而詔丞相擇刺史之賢者，使舉奇偉倜儻之士，以充其選。於是大人部荊州，詔書先至，則以楊侯聞，天子可焉。遂自郡從事遷廷尉丞，假五品服以行，別賜錢十萬，眾皆榮之。然楊侯既受命，退而治裝，泛然不以為喜。聞嶺海之說，風土之異，漠然不以為憂。加他日焉，人皆曰楊侯矯亢人也。嗚呼！前世之所以能治，為官擇人；後世之所以不治也，為人擇官。彼庸庸之臣，志得意滿，生而養交以饕富貴，真若長者，一旦有境外之事，憂畏首鼠，堅以死辟，若常庸之夫不可使往，春秋貶焉。若無君子，何以矯也。吾以楊侯矯世之君子，春秋之徒歟？推此心也，雖在山海之內，而加千乘之國，其有難治哉？於其行，序以贈之。
> （《宋文鑒》卷八七）

　　郁林州州治在今廣西貴縣，當時屬未開發的蠻荒之地。作者友人出知該州，於是作此序送行。唐宋以降，贈別送行的序文特別盛行，像韓愈、歐陽脩等文壇宗主都有大量優秀的序文存世。這類文章大都是迎來送往的官場應酬之作，容易落入俗套，寫好著實不易。劉敞此文用欲揚先抑之法，先寫郁林雖為古郡，因屬蠻荒之地，大多官員不願任職。又由於距當時的政治中心地帶甚遠，故出任此處的郡守，選擇賢能尤其重要。宰相選擇楊氏，而皇帝又多恩寵，但楊氏「泛然不以為喜」，而蠻荒之地又「漠然不以為憂」。一喜一憂，楊氏胸懷坦蕩，顧全大局的形象便顯示出來了。文章篇幅不長，卻寫得波瀾起伏，一波三折，文字亦極為精練。

　　所作《劉景烈字解》，是一篇有特色的散文：

　　　　劉侯外戚公子也，而過人者三：其弓七鈞，射百步末，可以斃牛；兵無長短，劍無單複，應敵施巧，倏忽不可知如神；居士大夫間，而恂恂不失節似儒者。予是以嘉之。夫士有英邁之氣而非功名之時，則略為不用；資功名之時，而無信任之勢，則效為不見。今劉侯其天材多矣，又有肺腑之親，而四方夷狄尚多恣睢者，設使因其時奮其氣，功名豈遂少哉？而久處未試，予是以惜之。他日因燕飲酒言曰：「吾名永年，而字昌齡，以為釋可也，以為訓則不可，幸有以易之。」予曰：「然，使貴可以永年，則安有齊梁之君；使富可以永年，則安有范中行之臣。齊梁之貴，范中行之富，而忽然不聞，彼可以永年者，安在哉？在功名而已矣！天地無

窮，而人生有涯，以夫有涯，遊無窮之中，而無以自別也，蠢然作，蟄然止，則已矣。雖萬物何辨焉。嗟呼，此智勇士捐筋力忘利害而不顧，以求就功名者也。故一托於義而終身安之，金石象其聲，丹青狀其貌，簡策敘其實，若是可以永年矣，字子以景烈如何？」座客相和唱善，劉侯拜且謝曰：謹受教，請銘之心，不敢須臾忘。因序其語授之。

劉永年貴為外戚，又頗有才幹，文章開篇即言「有過人者三」，一是射術高明，百步可以斃牛；二是武功高強，應敵倏忽如神；三是為人謙遜，恂恂而似儒者。他出身高貴而又才能過人，朝廷又處於用人之際，卻未能一展身手，令人歎息。永年字昌齡，字是名的解釋，但沒有激勵的意義，所以他希望作者能重新幫他改過一個字。作者由此發表了一番對功名和富貴的看法。富貴不可久恃，而功名可以不朽。作者巧妙地緊扣「永年」，作為通篇的文眼，表述自己對富貴和功名的見解。這裡的功名自然不僅僅是當官，而劉永年並不缺乏富貴，關鍵是建立功名，猶如曹植身居王侯，期望的並非是富貴而是功業，所謂「戮力上國，流惠下民，建永世之業，流金石之功」。作者的這番解說，其實具有勉勵的意思。

劉攽（1023-1089）字貢父，慶曆六年與其兄敞為同榜進士。熙寧初同知太常禮院，因不滿王安石新法，斥通判泰州。後遷知曹州、又知兗、襄、蔡數州。入朝拜中書舍人。劉攽與其兄都是著名學者，尤精漢史，司馬光曾推薦他參與修撰《資治通鑑》，專司漢紀，《通鑑考異》漢紀引用數條劉攽辨誤。現存《彭

城集》四十卷。《四庫全書總目》提要引宋人評價劉攽：

> 蘇軾草制，稱其「能讀典墳邱索之書，習知漢魏晉唐之
> 故」。其沒也，曾鞏祭文有曰：「強學博敏，超絕一世。肇
> 自載籍，孔墨百氏，太史所錄，俚聞野記，延及荒外，陰陽
> 鬼神，細大萬殊，一載以身。下至律令，老吏所疑，故事舊
> 章，盈廷不知，有問於子，歸如得師。直貫傍穿，水決矢
> 飛，一時書林，眾俊並馳。滿堂賢豪，視子揮塵」云云。蓋
> 一時廷評士論，莫不其推。

可見劉攽的學問淵博，世所公認。其文與敞齊名，朱熹《墨
莊記》稱：「學士舍人兄弟，皆以文章大顯於時而名後世。」其
引數例：

《泰州玩芳亭記》：

> 《楚辭》曰：「惜吾不及古之人兮，吾誰與玩此芳草。」
> 自詩人比興，皆以芳草嘉卉為君子美德，無與玩者，猶
> 《易》：「井渫不食」云爾。海陵郡城西，偏多喬木，大者六
> 七尋，雜花、桃李、山櫻、丁香、椒棣數十種。萱菊、薜
> 荔、莎蘆、芭蕉，叢植穉生。負城地尤良，宋氏居之，益種
> 修竹，梅杏、山茶、橙梨，異方奇卉，往往而在。清池縈
> 回，多菱蓮蘋藻。於是築室城隅，下臨眾卉。名曰：玩芳於
> 乎喬木森聳，百歲之積也；眾卉行列，十歲所植也；雜英紛
> 糅，終歲之力也。俄而索之，不易得也，天施地生，非為己

役也，能者取玩焉，能主客也，惠而不費，莫相德也。非《易》所歎「潨而不食，為心惻也。」於是刻石亭右，以記歲月云。（《宋文鑒》卷八一）

亭名取自於《楚辭》，頗有來歷。文章圍繞「玩芳」二字作墨，芳是亭中所見的喬木花草蔬果，作者用重筆濃彩鋪敘渲染，列舉眾多草木之名。這種鋪陳容易流於板滯，而作者用排比之法，句式又略有變化，使得文采斐然。後面借助於宋氏之言，體現一「玩」字。基本上用排比句式又有變化，通篇風格統一。

《贈醫潘況秀才序》

始，潘君以術遊京師，疾病之至門者日數人。於是，有知潘君者曰：「潘君相有病於未病，治已病於無病。潘君視顯如隱，視遠如邇。色喻于目，脈喻於指，聲喻於耳，三者並用，藥至病去，用力少而見功多，所謂國能也。」

他日往，則疾病之至者益多，日數十百人。則又有知潘君者曰：「潘君守學固而處心平，不以人之向己而喜，不以人之去己而沮，泛然惟吾所以自任而已，所謂有道者也。」

他日又往，則疾病之至者無算，舉京師之人將遷焉。則又有知潘君者曰：「潘君不為利疚，不為勢回，治人以疾病輕重為差。其視富貴如貧賤，視布衣如王公，得千金之謝，猶簞食之饋，所謂士君子也。」

嗚呼！天下之事，莫難於持久。持久則善惡自效，賢不肖襲情。若潘君者，自始及終，三譽益隆，人之從之者，百

倍於初。期以國能，而卒至於有道士君子者，豈非真賢也哉！

今夫世之為醫者，誦數守法，嚌甘調辛，未有少得也，則囂囂然以謂已足，於是以人之生死僥倖，乘人之急，以濟其不仁之心。設危辭詭說，以恐喝富貴之人，挾其手足而邀之財，得金玉錢帛，滿意盈欲，乃欲從事。益投毒藥，與病相遭，煩憒昏眩，使其不自聊賴，然後徐徐解治，幸而不死者有矣，則固以為己功，而妄伣其名，厚求拜謝，以複其勞。若其不活，則其所金帛固多，恬然持去，不自愧恥，其視貧賤無勢者，則傲然不顧。世皆曰醫賤，與傭徒鬻賣者均，豈醫之實若是哉？昔岐伯和緩之能，乃通於治國修身之際。嗚呼君子，孰能矯正之者。若潘君者，其複何尤！嗚呼！世之事多類此者，獨醫乎哉？僕感潘君守道，出於流俗，故作敘醫以示知者。（《彭城集》卷三四）

在當時的價值體系中，醫生雖然是屬於讀書人，但是畢竟不是官員，不是士大夫一類的人物，社會地位並不高。作者在文章中高度稱頌潘況，前三段用層層遞進之法，起始借用病人之言，稱其醫術技能，藥至病除，所謂「國能」，一個好醫生技術高明是首要條件；其次稱頌潘況，不以人之向己而喜，不以人之去己而沮，是個有道者，這已超越了技術層面，是一個醫德問題；再次，稱其治人以疾病輕重為差，視富貴如貧賤，視布衣如王公，這是更高的境界，所以為士君子。作者在稱頌潘氏之後又以當時重利無德的醫生對比，寫他們的惟利是圖，鄙瑣卑劣，刻畫甚為

生動，與潘氏的醫術高明、醫德高尚形成鮮明對照。由此亦可視為針砭時弊之作。該文已經超越了官場應酬的範圍，讚頌一位技精德高的醫生，令人聯想起柳宗元的《梓人傳》、《種樹郭橐駝傳》等著名散文。這類貌似傳記性的記敘文章，其實都具有寓言性的含義。

第二節 ▶ 清江「三孔」的散文創作

北宋中期贛籍文人，在文壇著名的還有「清江三孔」，即孔文仲、孔武仲、孔平仲三兄弟。他們在當時也甚有文名，黃庭堅評述當時文士，有「二蘇聯璧，三孔分鼎」之謂，與二蘇並稱或許有溢美之處，但亦足見三人當時的影響。

孔文仲（1038-1088），字經父，臨江新喻（今屬江西峽江）人，嘉祐六年（1061）進士，曾官禮部員外郎、中書舍人同知貢舉等職。有《舍人集》，《宋史》卷三四四有文仲與其弟武仲、平仲的合傳。本傳說：「性狷直，寡言笑，少刻苦問學，號博洽。」又說：「文仲與弟武仲、平仲皆以文聲起江西，時號『三孔』。」文仲原有文集五十卷，大多散佚，現存詩文二卷，收於《清江三孔集》中。文仲現存文章以議論見長，立論綿密，議論風發頗有特點。卷一收錄一篇九千餘字的對策，這篇文章在當時很有影響，曾在朝廷引起一場激烈爭論。本傳載：「熙甯初，翰林學士范鎮以制舉薦，對策九千餘言，力論王安石所建理財、訓兵之法為非是，宋敏求第為異等。安石怒，啟神宗，御批罷歸故官。齊恢、孫固封還御批，韓維、陳薦、孫永皆力言文仲不當

黜，五上章，不聽。……蘇頌歎曰：『方朝廷求賢如饑渴，有如此人而不見錄，豈其論太高而難合邪，言太激而取怨耶？』」集中還有數篇史論文章，亦可觀，錄《文帝》：

漢之兩京，其治為近於正心修身以化天下者，莫如孝文帝；躬行以率下，其跡著明者，莫如節儉。班固稱其在位二十餘年，宮室園囿無所增加。至於身衣弋綈之服，帷帳無文繡之飾，則其行之於身者，可謂至矣。宜其天下之民，靡然革其故俗而從之。賈誼推極其弊，乃以為禮義廉恥不行天下，天子之服而庶人得以衣、倡優被牆屋。由是觀之，民之奢侈而僭上，驕汰而無節，蓋亦未有過於此時也。豈帝王之行不足以率天下之民哉？

蓋文帝之所以率民者，未有以盡其方也。凡為治之體，有風化而又有法度，風化所以動民之心，法度所以動民之志。兩者相為用而未嘗可以偏廢者。風化有餘而法度不足，雖黃帝堯舜復出，猶不能使天下昏勸而為善也。先王知其若此也，故為之制度之密、紀綱之詳，頒之天下以束其心體，齊其耳目。故宮室之用、器服之飾、車輿之節、人徒之數，自天子至於委吏，由京師被於海表，斟酌處置，錙銖分寸之間，皆有條理而不亂，使之馴飭而不至於拘，優遊而不至於蕩。下者不得進而慕上，尊者不得俯而從卑，則是所以調劑天下之民者，盡於此矣。猶懼夫斯民之未深知也，於是月告之，時誥之，歲曉之，設官師以勸之於鄉閭，立師友又講於庠序，使知夫循理奉法之榮，踰分犯上之辱。如是故下之

民，雖豪悍忍訐者，莫不愧羞勉激，以從上之令，而後風化得行焉。

文帝之為天下也，嘗有法度紀綱以節制之歟？常月告之，時詰之，歲曉之，使知禮義之可貴歟？皆未嘗聞也。則天下之民將何以依歸，向風而就先王之禮哉？此其修己之勤，而卒無化俗之效也。下至孝武，慨然有意修太平之治。於是疇咨海內，招徠俊良，與之議文章，改制度。而武帝未嘗行之於身，故天下亦莫之信。其為治之跡與孝文異，而其實一也。臣故曰：風化法度，兩者為用，而未嘗偏廢也。（卷三）

從文末「臣故曰」來看，應是一篇策論文。宋代科舉考試重視策論，策論文的試題通常來自兩方面：一是經典之語，二是前代故實，這就是所謂的引經據典。宋人文集中史論文章特多，正與當時的科舉關係密切。策論文章，題目並非偏僻，但寫好絕非易事。大家都熟知的典故，難在寫出新意或寫出深度。此文顯示出作者很強的邏輯思維能力和善於議論的風格。第一段，作者為了引出論題，用欲抑先揚之法。漢文帝是兩漢時最節儉的皇帝，表率天下，天下應該望風披靡，風俗大化。但是事實不是這樣，作者引賈誼在《治安策》中的話，雖然文帝勵精圖治，率先垂範，但效果並不理想。禮義廉恥不行，奢侈僭越普遍。作者由此提出問題，就是皇帝率先垂范能否帶來民風淳樸，化治天下？

承接這一問題，當然是否定的。作者認為僅僅君主本身厲行節儉，還不足以轉變民風。提出本文的中心論點：「凡為治之

體，有風化而又有法度。」在這一段裡，作者就普遍性問題進行論述，只有風化和法度二者健全，才能使民風淳樸。

從這一前提出發，作者再回顧前文，具體分析文帝之時為何風化未行的原因。與之相對，順便論述武帝雖有法度，但卻未能率先垂範，故也不能使風化大行。文章末尾再一次強調文章的寫作主旨：風化法度兩者為用，而未嘗偏廢也。

縱觀全文脈絡極為明晰，圍繞中心反覆論說，令人信服。

孔武仲（1041-1097），字常父，嘉祐八年（1063）進士，元祐年間官至中書舍人、給事中、禮部侍郎等職。紹聖年間，入「元祐黨籍」，免官，居池州，卒於貶所。武仲有文名，現存詩文在《清江三孔集》，共十七卷。現存文章頗多代人所作，這些作品有些是上朝廷的啟表，例如謝恩德、乞致仕等，也有同僚之間互相往來的函件。可能都是因長官要求所作。且舉一例：

《代罷郡謝鄰郡啟》：

> 伏念某謬以弱才，久當郡守，侵尋歲律，已終三載之成，黽勉公家，未有一毫之補。賴仁封之官邁，睹賢者之施為，卒免敗官。蓋由取法求言，益用感銘。恭以某人朝之俊英，吏之師表。逢辰筮仕，早騰籍甚之聲；以此撫民，優在循良之績。豈伊外補，得滯橫翎。三省高華，已新於唐制；四門雜邁，佇列於舜官。方遠趨承以從行役，更祈保嗇少副願言。（《清江三孔集》卷一三）

某郡守離任，循例要與鄰郡同僚告別致謝。前面是說，三年

任期已滿，調任之時，感謝鄰郡的幫助，語言十分謙恭。說是自己在任期間能夠完成職守，還在於鄰郡的榜樣作用，所以特別感激。後面表彰鄰郡的政績德行，祝願他仕途順利。這類官場文章，雖然表達的意思差不多，但真正寫起來其實並不容易，難度在於詞語的文采。這是一篇駢體文，在官場上是常用的文體，駢對工整，辭采典麗，表達的意思亦很到位。

《信州新修廣信門記》：

信於江東為最遠，介於閩浙之間，寶貨所出，號為富州。其民勤於生業，而衣食贍足。然地形狹隘，環以群山，帶以長溪，而無高城深池捍禦之固。熙寧十年，詔天下郡縣畢城。朝奉 號略楊公適是州，申戒官守選兵，屬徒吏士，競勸以襄厥事。未幾周其三面。而廣信門者，城之南門也。內直郡庭，適車馬之會；外連長橋，控山川之險。州之要衝，實在於此。然庫偏仄陋，幾廢而僅存，相因累年，恬不思革。公命盡撤其舊，稍增大之，擇材於山，發錢於庫，令有素戒，人不告勞。凡旬日有五日而成焉。

重簷廣翼而勢嚴正，望之足以為壯麗，登之足以為高明，州民環觀悅喜呼舞。公以才行選為劇州，應物有餘，而持以厚重。事之細大，無不屬心。學敝則新之，驛敝則新之，庫及倉敝則新之，市門敝則新之。至是公治將成，歸於朝廷，行有日矣。而夙夜精勤，嚴若始至，不憚興作，以惠於此邦之人。於是知公之為政真有始終，而民之思公者，將至於無窮也。僚吏願使公之美久而益傳，見為文以刻於石。

元豐五年六月二十五日軍事推官孔武仲記。（卷一五）

元豐五年（1082），作者時任信州（州治在今江西上饒市）軍事推官。本文以樓記的方式來歌頌上司知州楊氏的政績。通過奉旨修城門，引出楊氏革故鼎新的施政方略。由此再寫楊氏即將離任，但從事公務依然如故，從而表彰他勤政嚴謹，始終如一。文章通過具體事例表彰長官，非常細緻，文筆也很生動。

孔武仲有幾篇寓言性的雜文值得注意：

《回氏畫說》：

　　江州景德寺之畫壁，有二石相倚，出乎叢草之間。其上則枯木槎枒，老竹森蔚，而山鵲立其杪，竦背俯頸，若將飛去者。大抵為窮冬苦寒，天高霜烈，物性凝定，無葩華動盪之意。客予曰：「此回氏之畫也。昔有回喑者，貌寢而明目，常臥於寺之廡下，喜飲酒而不能言，有所言，必以畫自達。俄告人曰：『為爾畫此壁可乎？』則許諾。初若不經意，卷紙濡墨，立語間而畫已就，自此不復見矣。」或曰：「所謂回者，呂也。呂洞賓常以劍術遊乎人間，名聲甚顯。後乃自匿所至，稱回氏。為此畫者，即洞賓也。」於是設檻於外以環之，至今二十年矣。

　　余謂洞賓有道者也。夫有道者，神完於內，其於外也，如穀之續聲，鑒之接影，故能隨萬物之形而與上下，至於蚖蛇羊豕，無所不入。彼豈習為蚖蛇羊豕哉？其所應者然也。四肢百骸，猶能值物，以為醜好，況欲為一木一石之形乎？其俊偉奇健，誠未足怪，而世之學者方且殫翰墨之勤，窮歲

月之力，至於疲思竭巧，失之邈遠而不知。夫不學而能，其本末有異乎此也。余欲摹取之，而恐益為畫之累也。因記其大都而為之說，以自覽焉。（卷一七）

景德寺有一幅畫，據傳是呂洞賓所畫，神仙所作，自然是出神入化，為普通畫工所不可及。文章描摹此畫，簡練而傳神，是述畫的精彩文字。作者是通過這幅畫說明道與藝之間，悟道和得道是最高境界，不是苦學能夠得到的。苦學得到的技藝，而得道才能達到境界。這種說法有一定的道理，也有局限。任何技藝僅憑苦學多練，難以達到最高境界，這種最高境界的確需要極高的悟性或者天賦。但反之亦然，如果沒有苦學多練，僅憑天賦同樣也難以達到最高境界，比如諾貝爾獎金獲得者或世界冠、奧運會冠軍，需要極高的天賦，僅憑苦學勤練顯然不夠，但同樣沒有極勤奮的訓練也達不到這樣的境界。

《蝗說》（同上）

熙寧甲寅秋七月，予將還江南，繫舟於長蘆之川。登高而望，見群飛而至者，若煙若瀾，若大軍之塵，自西而東，前後十餘里相屬不絕。野夫奔相走告曰：「蝗至矣。」

予曰：「蝗之來如何？」曰：「食我之田，齧我之桑，使我終歲，無褐無糧。」餘曰：「嗟夫！害無酷於此者矣！」

野夫啞然笑曰：「此非吾所謂害也。夫螟螣之屬，隨陽而動，得雨而止。幸而歲豐時和，則其類泯焉。蓋雖甚可畏

惡，而其為禍猶有間也。以吾觀之，今天下未嘗有無蝗之歲，四方未嘗有無蝗之國也。民之於利勤矣，罄其貲以衷種市牛，暴其背，病手足以趨田事。及歲且成，則老幼相與計曰：『是將獲之以償官之逋負也。』又曰：『是將鬻之以足官之賦泉也。』凡數歲矻矻而得之者，皆非吾有。自祖及孫，歲被其患而未有休期。自燕至粵，其病一也。然則其為蝗也大矣！今歲之蝗，不過遺種，於每歲之蝗流毒於天下，豈彼未之知耶？不然宰相可以請，有司可以爭矣。何其無聞耶？」

退因序其說。（卷一七）

此文令人聯想起柳宗元的《捕蛇者說》，可謂官府賦稅猛於蝗害。蝗災為禍尚有節，而官府的苛捐雜稅無可逭逃。寫作方法亦與柳氏之作相近，通過與農夫的對話，揭示了當時農民苦難的生存狀態，對官府賦稅制度進行了委婉的批評。作為官員士大夫，做到這一點著實不易。

孔平仲，字毅夫，治平年間進士，武仲弟，有文集十卷收入《清江三孔集》，又存《孔氏談苑》四卷，是北宋時期有名的筆記文集。此書主要記載當朝士大夫的軼聞趣事，有些事件可以視為史實，具有史料價值，有些事件則可能是傳聞所至，並無太多根據。這些筆記，明顯受傳統的筆記體文的影響，注重記述人物的言論，通過人物來表現人物，大多篇章記言簡約深雋，敘事明晰生動，頗多佳制：

劉攽貢甫性滑稽，喜嘲謔，與王汾同在館中。汾病口吃，攽為之贊曰：「恐是昌家，又疑非類。未聞雄名，只有艾氣。」周昌、韓非、揚雄、鄧艾皆古之口吃者也。熙寧中，為考官，出「臨民以教思無窮」論。舉人上請曰：「此卦大象如何？」攽曰：「要見大象，當詣南禦院。」馬默為台官，彈奏輕薄，不當置在文館。攽曰：「既云馬默，豈合驢鳴！」呂嘉問提舉市易，曾布劾其違法，反得罪，嘉問治事如故。攽曰：「豈意曾子避席，望之儼然。」嘉問字望之。（卷二）

　　《宋史·劉攽傳》載：劉攽「為人疏儁，不修威儀，喜諧謔，數用以招怨悔，終不能改。」《談苑》的這則文字，恰好可以成為正史的絕妙注釋。善於幽默一方面是習性所然，另一方面也是很高的智慧。劉攽的幽默表現出性滑稽、喜嘲謔的性情，也表現出他的智慧和淵博。如最後一則「豈意曾子避席，望之儼然」，確實太有才了。此處用了《禮記·檀弓》的典故，本意是說曾子（參）生病、回避國君贈送給他的床席，使看見這一幕的人肅然起敬。而劉攽則巧妙運用這一典故來說，曾布彈劾呂嘉問結果反被貶官（曾子避席），而呂嘉問照常做提舉市易。

　　再如：

　　陶穀久在翰林，意希大用。其黨因對言穀宣力實多，微伺上旨。太祖曰：「翰林草制，皆檢前人舊本，俗所謂『依樣畫葫蘆』耳，何宣力之有？」穀作詩曰：「官職須由生處

有，才能不管用時無。堪笑翰林陶學士，年年依樣畫葫蘆。」

范仲淹字希文，知開封府事，決事如神。京師謠曰：「朝廷無憂有范君，京師無事有希文。」每奏事，多陳治亂，曆詆大臣不法。言者以仲淹離間君臣，落職知饒州。寶元中，元昊叛，上知其才兼文武，起帥延安，日夕訓練精兵。賊聞之曰：「無以延州為意，今小范老子腹中有數萬甲兵，不比大范老子可欺也。」戎人呼知州為老子。大范謂雍也。後知慶州，時王師定川之敗，議點鄉軍，仲淹令刺其手。及兵罷，還慶路，皆複得為農。以上四路諸招討委之。仲淹與韓琦謀，必欲收復靈、夏、橫山之地。邊上謠曰：「軍中有一韓，西賊聞之骨寒。軍中有一范，西賊聞之驚破膽。」元昊聞而懼之，遂稱臣。（卷二）

陶穀是北宋開國重臣，曾草擬周恭帝的禪讓書，自然是宋太祖篡位的功臣。太祖說他的草制為「依樣畫葫蘆」，無疑是冷卻他的浮躁功利之心。陶穀那首寫得極有趣。范仲淹是當時的朝廷重臣，其才幹及品德世所公認。宋代筆記記載范氏的事蹟的文字特別多，這裡稱頌仲淹為文武全才，其中不免有小說家言的誇張之處。

第三節 ▶ 李覯與黃庭堅等人的散文創作

李覯（1009-1059）字泰伯，建昌軍南城（今屬江西）人。

他是當時著名的理學家。仕途失意，四十歲之前屢試不中，後為范仲淹所薦舉出仕，曾任太學助教、國子監太學說書等一類的學官。在南城創辦盱江書院，世稱盱江先生。著有《盱江集》三十七卷，今有中華書局點校本（1980 年本）。《四庫全書》提要說：「覯文格次於歐曾，其論治體，悉可見於實用。故朱子謂覯文實有得於經。」作為理學家，文章重視孔孟之道和功用，他說：「雞鳴而起，誦孔子、孟軻群聖人之言，纂成文章，以康國濟民為意。」（《上孫寺丞書》，《李覯集》卷二七）他的創作實踐了這一思想，是宋代儒學色彩鮮明的文學家。如《袁州學記》強調地方辦學校的目的是講求禮樂忠孝：

> 俾爾由庠序踐古人之跡，天下治，則禪禮樂以陶吾民，一有不幸，猶當伏大節。為臣死忠，為子死孝。使人有所法，且有所賴。是惟朝家教學之意。若其弄筆以徼利達而已，豈徒二三子之羞，抑為國者之憂。（卷二三）

這是州學的辦學目的，亦可視為作文的目的。又如《建昌軍儀門記》：

> 觀古君子之間，近則禮為之厭，遠則尊得以伸。故畿外諸侯，門阿之制，與天子准。宮隅城隅，各下一等。天子五門，諸侯有三門。台而道屏，於中為宗廟朝廷大抵不甚異。蓋南面之君，分土而治，不若是，無以貴於一國。民知其君之貴，然後知王室之尊。堂陛之言亦此類也。

自罷侯置守，於今幾世，弱權削威，居無常人。有地數百千里，而宮室輿服靡所張顯，中門立戟，非出入不開。東西兩夾門，趨走之士，紳笏磬折於其外，非召喚不敢前。以此異於他官舍。謂之儀者，有意也哉？

太常博士吳公使建昌，既視事，曰：神人在上，萬事有經，萬民有業。吾守臣布行詔書，奉順德意，而吏職修矣。披牒治訟，若人四支，雖終日運動，不為勞心。乃行府署，惟廳事葺，其餘屋古老卑小，或如翼覆地，其中無光；或如衣之敝，隨補隨破。郡治所在而陋於一邑，不務改作，俾民何觀？謀於僚屬，其心同；聽於輿人，其言樂。自儀門始，以及內寢，不日而備。

君子謂吳公以文學進，宜其知治道。父兄皆大臣，其耳目固不隘。官為博士，宜用心於禮，位當刺史，在可行之地。此一役也，以儀門為始，夫豈徒哉？

這篇文章寫知建昌軍吳某重修治所的儀門，全文引經據典都圍繞一個「禮」字展開。作者對歷代禮儀甚為熟知，敘述得清晰簡要，而且深得古禮制定的原則，所謂「民知其君之貴，然後知王室之尊」。秦之後，以郡縣制替代封建制，諸侯成了郡守，「弱權削威，居無常人」，十分精練深刻地刻劃了郡縣制的特點。郡守自然有自己的權威，所居之地自然亦不同於普通居所，正常修葺也是合情合理。但作者此文對吳公還是隱含勸諫之意，後面四個排比句用得很巧妙，「宜其知治道」，「耳目固不隘」，「宜用心於禮」，「在可行之地」，正面表揚的話：你是知道治民之道

的，眼界很開闊，對禮儀很熟悉，又處於掌權的地位。其中隱含的勸諫意義也很明顯，既然如此，你的責任也重大，不可逾越，不可奢侈。還是有勸誠深意的。順便說一下，在《李覯集》裡，這類為殿堂寺廟寫的記文特別多，大多頗有可觀。

李覯作為一位著名儒家學者，又長期從事講學活動，寫有許多論辯文章，這些文章往往富有新意。如《原文》：

> 利可言乎？曰：人非利不生，曷為不可言？欲可言乎？曰：欲者人之情，曷為不可言？言而不以禮，是貪與淫，罪矣。不貪不淫，而曰不可言，無乃賊人之生，反人之情，世俗之不喜儒以此。

> 孟子曰：「何必曰利」，激也。焉有仁義而不利者乎？其書數稱湯武將以七十里、百里而王天下，利豈小哉？孔子七十所欲不逾矩，非無欲也。於《詩》，則道男女之時，容貌之美，悲感念望，以見一國之風，其順人也至矣。

> 學者大抵雷同，古之所是，則謂之是，古之所非，則謂之非，詰其所以是非之狀，或不能知。古人之言，豈一端而已矣？夫子於管仲三歸、具官則小之，合諸侯正天下則仁之，不以過掩功也。韓愈有取於墨翟、莊周，而學者乃疑。噫！夫二子皆妄言耶？今之所謂賢士大夫，其超然異於二子者邪？抑有同於二子而不自知者邪？何訾彼之甚也？（卷二九）

原文的意思是探究儒家禮教的本原。文章從利欲說起，這是

腐儒忌諱的論題，而作者沒有回避這一論題。認為利和欲是人之性情，只要不過度，是不可以違反的。而腐儒為世俗所不喜的原因就是違反人之常情。作者反駁孟子「何必曰利」的言論，認為此言偏激，並引用孟子自己的言論反駁此論，又引孔子和《詩經》來說明利欲並非不可求，只是不可過度而已。文章後一段引出另外一個論點，即不能惟古人馬首是瞻，要有自己的獨立思考和是非判斷，其實也是孟子「盡信書，不如無書」的意思。這篇文章很像是訓導學生的論說，目的是教學生如何讀書，如何思考。從本文來看，李覯是一位通達的思想家。

　　黃庭堅（1045-1105），洪州分寧（今江西修水）人，字魯直，號山谷道人，別號涪翁。英宗治平四年（1067）進士。元祐時參與修《神宗實錄》，遷著作郎升起居舍人，這段時期是山谷仕途順達之時。哲宗紹聖初，風雲突變，新黨章惇、蔡卞執政，不遺餘力地排斥異己。因為黃氏與蘇軾關係密切，被視為舊黨人物，受到株連，貶涪州（今四川涪陵）別駕。從此山谷處於貶斥遷徙狀態，最後歿於貶所。黃庭堅是古代詩史上具有重要地位的偉大詩人，在當時就與蘇軾並稱為「蘇黃」，開創「江西詩派」，對後世影響巨大。《宋史》卷四四四有傳，現存《山谷全集》六十八卷。

　　《宋史》本傳云：「庭堅學問文章，天成性得。陳師道謂其詩得法杜甫，學甫而不為者。善行草書，楷法亦自成一家。與張耒、晁補之、秦觀俱遊蘇軾門，天下稱為四學士。而庭堅於文章尤長於詩，蜀、江西君子以庭堅配軾，故稱蘇、黃。軾為侍從時，舉以自代，其詞有『瑰偉之文，妙絕當世；孝友之行，追配

古人』之語，其重之也如此。」山谷學問淵博，天才橫溢，詩歌固然領一時風騷，辭賦散文也卓然成家。《山谷集》卷一收辭賦十七篇，頗有可觀者，如《對青竹賦》：

> 竹之美於東南，以節不以文也。其在楚之西，鬱鬱蔥蔥，連山繚雲也。會稽之奇，材任矢石；蘄春之澤，夏簟簫笛；沅湘淚血，邛崍高節。慈竹相守，孝竹冬茁。慈姥嶔崟，笙竽笆篁，長石之山，一節可航。猶未極其瑰怪不常也。故吳楚無竹工，非無竹工，婦能織緝之器，兒能雞鶩之籠也。今夫筥筐籮筫，棧櫃翰藩，巴船百丈，下漢為笐。貴之則律呂汗簡，賤之則箕帚蒸薪。惟所逢遭，盡於斧斤。美哉斯竹，黃質墨章，如出杼軸，織文自當。解甲稅枯，金碧其相。歲寒在躬，又免胹烹。彼其文章之種性不可致詰，刳心而求之亦不可得。匪人匪天，有物有則，惟其與蓬蒿共盡而無憾，餘亦不知白駒之過隙。

詠物小賦是賦史上的重要類別，其高潮是在魏晉六朝時期。陸機所謂「賦體物而瀏亮」，指的就是這類賦詠物抒情的特點。詠物作品大抵以體物精細，寄託遙深為上品。對青竹是一種名貴的竹種，分佈於四川和浙江一帶。《紹興府志・物產・竹屬》載：「對青竹，《成都古今記》：『竹黃而溝青，每節若間出。此竹惟會稽頗多，彼人呼為黃金間碧玉；今或稱閃竹，又曰間竹，又云越閃竹。』《剡》：『越閃竹即對青竹。』」

此賦先言竹之產地，遍佈東南和楚西。再寫竹之功用甚廣，

貴者可為簫笛一類的樂器或者簡策一類的古物，賤者成為掃帚簸箕一類的日常用品或者乾脆成為柴火。無論貴賤，竹子的功用無處不在。最後一層的意思是寫竹子的習性，作者讚頌青竹順從自然的的天性，是用了擬人化的手法。優秀詠物小賦，都能達到辭彩典麗境界，本篇亦是如此。

黃庭堅的散文，大氣流暢，具有典型的宋文的特點。

且看《大雅堂記》：

> 丹棱楊素翁，英偉人也。其在州閭鄉黨，有俠氣，不少假借於人。然以禮義，不以財力稱長雄也。聞余欲盡書杜子美兩川夔峽諸詩刻石，藏蜀中好文喜事之家，素翁粲然向余請從事焉。又欲作高屋廣楹庇此石，因請名焉，余名之曰大雅堂而告之曰：

> 由杜子美以來四百餘年，斯文委地，文章之士隨世，所能傑出時輩，未有升子美之堂者，況家室之好耶？嘗欲隨欣然會意處，箋以數語，終以汩沒世俗，初不暇給。雖然，子美詩妙處乃在無意為文，夫無意而意已至，非廣之以《國風》、《雅》、《頌》，深之以《離騷》、《九歌》，安能咀嚼其意味，闖然入其門耶？故使後生輩自求之，則得之深矣，使後之登大雅堂者，能以餘說以求，則思過半矣。彼喜穿鑿者棄其大旨，取其發興於所遇，林泉人物草木蟲魚，以為物物皆有所托，如世間商度隱語者，則子美之詩委地矣！

> 素翁可，並刻此於大雅堂中。後生可畏，安知無渙然冰釋於斯文者乎？（卷二二）

山谷終生服膺唐代大詩人杜甫。江西詩派素有「一祖三宗」之說，一祖即是杜甫。作者在楊素翁的贊助之下，建大雅堂，表達對這位偉大詩人的崇敬。作者認為在杜甫之後，很難有人能夠繼承杜甫之衣鉢，登其大雅之堂。所謂「子美詩妙處乃在無意為文，夫無意而意已至」，這是山谷一貫的思想。他在別的文章中多次表達了這樣的觀點，在《與王觀複書》中寫道：「但熟觀杜子美到夔州後古律詩，便得句法，簡易而大巧出焉，平淡而山高水深，似欲不可企及。文章成就，更斧鑿痕，乃為佳作耳。」文章反對穿鑿附會地理解杜詩，似乎杜詩中的一草一木都有寄託。這是符合實際的判斷，說明山谷是杜詩的真正知音。

　　他在《小山集序》中，刻劃晏幾道的「四癡」，幽默有趣：

　　　　余嘗論：「叔原固人英也，其癡亦自絕。」愛叔原者，皆慍而問其目。曰：「仕宦連蹇，而不能一傍貴人之門，是一癡也；論文自有體，不肯一作新進士語，此又一癡也；費資千百萬，家人寒饑，而面有孺子之色，此又一癡也；人百負之而不恨，已信人，終不疑其欺己，此又一癡也。」然共以為然。雖若此，至其樂府，可為狹邪之大雅，豪士之鼓吹，其合者《高唐》、《洛神》之流，其下者豈減《桃葉》、《團扇》哉？（卷一六）

　　晏幾道字小山，是晏殊幼子，宰相的後代，但他仕途失意，沉淪下僚。從山谷這篇序中，我們大略能窺測此中消息。第一癡是出身宰相之家，卻不懂得去依傍權貴。晏殊生前有許多下屬和

同僚，本來都是可以提攜晏幾道在仕途上通達起來。第二癡是他本人有極高的文采和天賦，卻不屑於時文而參加進士考試。出身高貴而廣有家產，但不善理財，千萬家產殆盡，以至於家人忍饑受寒。過度相信他人，即使屢次吃虧，仍然不疑。這種形象容易令人聯想起《紅樓夢》中的賈寶玉，一個天真而脫俗的貴公子。作者其實非常欣賞小山為人真誠坦蕩，瀟灑脫俗，在充滿著機巧世俗、繁文縟節的官本位社會，晏幾道絕對是一個另類。文章後面讚揚幾道在詞方面的造詣，亦絕非溢美之詞。作者寫的「四癡」可謂點睛之筆，十分貼切而入木三分。

　　山谷作為東坡的門生，終生服膺東坡。其實他的仕途履歷亦與東坡息息相關，山谷後半生屢遭貶斥，到處飄泊，亦與東坡晚年遭貶的生活相關。所以在《山谷集》中與東坡唱和的詩作或者兩人來往的書信都特別多。山谷致東坡的書信，表現了對東坡道德文章的仰慕。神宗元豐元年（1078），山谷時任大名府國子監教授，東坡知徐州。兩人剛交往不久，山谷自然欣喜異常，他致書東坡：

　　　　庭堅齒少且賤，又不肖，無一可以事君子，故嘗望見眉宇於眾人之中，而終不得備使令於前後。伏惟閣下學問文章，度越前輩；大雅豈弟，博約後來；立朝以直言見排，補郡輒上最課，可謂聲實於中，內外稱職。凡此數者，在人為難兼，而閣下所蘊，海涵地負，此特所見於一州一國者耳。惟閣下之淵源如此，而晚學之士不願親炙光烈，以增益其所不能，則非人之情也。借使有之，彼非用心於富貴榮辱，顧

日暮計功，道不同不相為謀；則愚陋是已，無好學之志，「洫洫予既已知之」者耳。

庭堅天幸，早歲聞於父兄師友，已立乎二累之外；獨未嘗得望履幕下，以齒少且賤，又不肖耳。知學以來，又為祿仕所縻，聞閣下之風，樂承教而未得也。今日竊食於魏，會閣下開幕府在彭門，傳音相聞，閣下又不以未嘗及門過譽鬥筲，使有黃鐘大呂之重。蓋心親則千里晤對，情異則連屋不相往來，是理之必然者也，故敢坐通書於執事。夫以少事長，士交于大夫，不肖承賢，禮故有數，似不當如此。恭惟古之賢者，有以國士期人，略去勢位，許通書者，故竊取焉。非閣下之豈弟，單素處顯，何特不可，直不敢也，仰冀知察。故又作《古風》詩二章，賦諸從者。《詩》云：「我思古人，實獲我心。」心之所期，可為知者道，難為俗人言，不得於今人，故求之古人中耳。與我並世，而能獲我心，思見之心，宜如何哉！《詩》云：「既見君子，我心寫矣。」今則未見，而寫我心矣！春候暄冷失宜，不審何如？伏祈為道自重。

東坡此時已是名滿天下的文壇巨擘，而山谷則是剛剛嶄露頭角的新秀。東坡讀過山谷的詩文，並對其頗為欣賞，這就是文中所說「傳音相聞，閣下又不以未嘗及門過譽鬥筲」。東坡收到這封信後，不久回信，其中說：「軾始見足下詩文於孫莘老之坐上，聳然異之，以為非今世之人也。莘老言此人人知之者尚少，子可為稱揚其名。軾笑曰：此人如精金美玉，不即人而人即之，

將逃名而不可得，何以我稱揚為！」充溢惺惺相惜之情。山谷此文首先表達了自己對東坡的仰慕，讚揚「學問文章，度越前輩」、「聲實於中，內外稱職」，這絕非溢美之詞，在當時只有東坡才當得起如此的讚譽。文中說，後學之輩都願追隨東坡學習，只有在兩種情況下，才不願意，一是過於計較功利的人，二是愚昧不好學的人。由此引出作者對東坡直抒仰慕之情，並希望能從之交遊，列於門下。文章言詞極為懇切，亦合符作者當時的身份。自此信後，蘇、黃交遊日漸頻繁，相互唱和的詩作和書信，甚為多見，成就了文學史上的一段佳話。

北宋後期活躍在文壇的江西散文家，較有名的還有呂南公、劉弇等。下面簡單介紹：

呂南公（1047-1086），字次儒，號灌園先生，建昌軍南城（今屬江西）人。舉進士不第，遂終身未仕。今存《灌園集》二十卷。《四庫》館臣稱其文：「今讀其集，雖所言不無過誇，然其覃精殫思，以力追秦漢，要亦毅然不惑於俗學者也。」呂南公一生服膺南城同鄉曾鞏，要以曾鞏為師，以文章為業。呂南公的文章大致分三類，最多的是與人書信，其次是學術筆記讀書心得，再次是雜著，其中有三篇寓言性的文章頗富文學意趣。

《忠誠》：

餘館鄭氏書堂一年，其朝夕飧饗之所陳殘剩滓沾擲狼藉，鄰之尨日索焉。舍而安之，無複知故主者，堂之僮逐之不為沮，其家呼之不為聞也。夜尚臥堂間，妥妥甚安，異人至則起而迎吠，不待唉遣。

嗟乎！食之移情乃至於此。彼豈以為忠適然歟？余於是而有感：蓋古之所謂忠者，必由其道，忠於非所宜忠，何道之云？阿衡不幸而五去五就，後世翻覆憸人更援之，以濟其幸。視一己之利害而定其趨舍，不顧社稷民人之存亡也，而曰視天而已。且天安肯命人為翻覆自利者乎？余以為由余陳平之跡，恕於亂世可也。用盛世之法裁之，則有所不免傷人臣之有己而無君。感厖事作忠戒。（《灌園集》卷一八）

文章寫犬因為貪圖書堂的陳殘剩滓，儼然忠誠於書堂，而忘記自己原來的主人。作者頗有感慨，這是對有奶就是娘的社會現象很好的諷刺。類似的事情在我們的社會裡幾乎每天都在發生，而且愈演愈烈，這一寓言有普遍性意義。作者對這種所謂的忠表示質疑，所以說：「蓋古之所謂忠者，必由其道，忠於非所宜忠，」認為由道而非利，才是忠的應有之義。後面的議論無有新意，而且頗有迂腐之嫌。但作者的舉例真是貼切至極，入木三分。

劉弇（1048-1102），字偉明，號龍雲先生。吉州安成（江西安福）人。元豐二年（1079）進士，曾任秘書省正字、著作郎等職。有《龍雲集》三十二卷。四庫館臣稱其文：「不名一格，大都氣體宏整，詞致敷腴。周必大作是集序，謂其醲經飫史，吐百氏，為足繼歐陽脩之後，而上接韓文。推許未免溢分。《宋史》本傳稱其文，鏟削瑕纇，卓詭不凡，庶幾乎近其實矣。」在《龍雲集》中，有幾篇遊記文，寫得很有文采，可以看到歐陽脩對劉氏的影響。如《澄碧軒記》中描寫澄碧軒四周的景致：

　　吾州之東北，望之鬱然若堆髻，自平地而出者，螺岡也。其下有水，播而為川，涵浸渟滀，濱城數十，折股引而去者，螺浦也。兩崖皆群山，適與螺岡相直，環城上下遮列，屏障一起一僕，躩虎豹而盤蛟螭於山水之交，架虛疊嶂，棲以楣挭，巋然出眾屋，若披鑒臨物，若據斥候破隱匿之情，若綱提領挈而樞制者，則此軒也。澄言水，碧言山，以其不出擾擾之闤闠，而坐致山水之美以寄意也。於是遊者日至此軒之前，恢詭譎觚、怪奇偉麗之觀，無不畢足。高桅勁楫，破浪上下，晨曦夕氛，照耀發見者，出於咫尺之衽席。青蒼杳靄，而橫絕乎雲煙之間；縹緲丹翠，而相扶於巔崖之上者，出於方寸之目睫。幽芳遠籟，微明疏薄，潛投飛躍，決驟之變態與夫挾爽氣而躡浮光者，皆其四時之榮。謝旦暮之聚散，而覽者亦不能窮也。（卷二三）

氣勢恢宏，而斐然成章。

江西文庫 A0701B01

贛文化通典（古文卷） 第一冊

主　　編	鄭克強
版權策畫	李　鋒
責任編輯	林以邠
發 行 人	陳滿銘
總 經 理	梁錦興
總 編 輯	陳滿銘
副總編輯	張晏瑞
編 輯 所	萬卷樓圖書股份有限公司
排　　版	菩薩蠻數位文化有限公司
印　　刷	維中科技有限公司
封面設計	菩薩蠻數位文化有限公司
出　　版	昌明文化有限公司

桃園市龜山區中原街 32 號

電話 (02)23216565

發　　行　萬卷樓圖書股份有限公司

臺北市羅斯福路二段 41 號 6 樓之 3

電話 (02)23216565

傳真 (02)23218698

電郵 SERVICE@WANJUAN.COM.TW

大陸經銷　廈門外圖臺灣書店有限公司

電郵 JKB188@188.COM

ISBN 978-986-496-219-8

2018 年 1 月初版

定價：新臺幣 320 元

如何購買本書：

1. 轉帳購書，請透過以下帳戶

合作金庫銀行 古亭分行

戶名：萬卷樓圖書股份有限公司

帳號：0877717092596

2. 網路購書，請透過萬卷樓網站

網址 WWW.WANJUAN.COM.TW

大量購書，請直接聯繫我們，將有專人為您

服務。客服：(02)23216565 分機 610

如有缺頁、破損或裝訂錯誤，請寄回更換

版權所有·翻印必究

Copyright©2016 by WanJuanLou Books CO., Ltd.

All Right Reserved　　　　Printed in Taiwan

國家圖書館出版品預行編目資料

贛文化通典. 古文卷 / 鄭克強主編. -- 初版.
-- 桃園市：昌明文化出版；臺北市：萬卷
樓發行, 2018.01

　冊；　公分

ISBN 978-986-496-219-8(第一冊：平裝). --

1.古文　2.文學評論

672.408　　　　　　　　　107002003

本著作物經廈門墨客知識產權代理有限公司代理，由江西人民出版社授權萬卷樓圖書
股份有限公司出版、發行中文繁體字版版權。

本書為金門大學華語文學系產學合作成果。　　　校對：陳裕萱